하루 한 생각

하루 한 생각

초판 1쇄 발행 2021년 12월 21일

지은이 한희철
펴낸이 한종호
디자인 임현주
제 작 JK프린팅

펴낸곳 꽃자리
출판등록 2012년 12월 13일
주소 경기도 의왕시 백운중앙로 45, 207동 503호(학의동, 효성해링턴플레이스)
전자우편 amabi@hanmail.net
블로그 http://fzari.tistory.com

ISBN 979-11-86910-34-4 03230
값 24,500원

한희철 지음

하루 한 생각

눈부시지 않아도 좋은

꽃자리

목차

5

7

8

9

- 어느 날 밤
- 못
- 꿈
- 아우성
- 세상을 아름답게 하는 것들
- 늙은 농부의 기도
- 말과 말씀
- 땀과 땅
- 눈 비비는 소
- 마늘이 매운 맛을 내는 건
  우연이 아니다
- 딴 데 떨어지지 않네
- 향기로 떨고
- 하루해
- 소확행
- 말
- 문살
- 삶
- 사랑 아니면
- 프로와 성자
- 단순함
- 모든 순간은 선물이다
- 드문드문
- 사랑과 무관심

- 뒷모습
- 비극
- 개똥벌레
- 위로
- 빈 수레가 요란하다
- 괜찮아

추천의 글_
어딘가엔 또 불고 있으리니 /
홍순관 554

저는 괜찮아요

만년필에 잉크를 넣을 때면 기분이 좋습니다. 손에 잉크가 묻으면 비누로 닦으면 되고요. 오래된 버릇입니다. 얼마든지 자판을 두드려 글을 쓸 수 있지만, 마음이 담긴 글일수록 천천히 쓰고 싶습니다.

'일기日記'하면 제일 먼저 떠오르는 것이, 아쉽게도 숙제입니다. 초등학교 시절 방학숙제 중 빠지지 않았던 것이 숙제였습니다. 숙제로 써야 하는 일기는 무엇보다 재미가 없었습니다. 놀다 보면 하루가 후딱 가고, 며칠 동안 일기를 쓰지 못하면 곤혹스러웠습니다. 날씨가 어떠했는지, 무슨 일이 있었는지를 다시 기억해내는 것은 쉬운 일이 아니었으니까요. 덕분에 개학이 다가오면 밀린 일기를 한꺼번에 쓰느라 소설가가 되고는 했지요.

초등학교를 졸업하며 좋았던 것 중의 하나가 오죽하면 일기를 숙제로 쓰지 않아도 된다는 것이었을까요. 신학교에 입학하며 좋았던 것 중의 하나가 더 이상 수학을 공부하지 않아도 되었던 것처럼 말이지요.

숙제 삼아 쓸 필요는 없어졌지만, 이따금씩은 일기를 적듯 지나가는 생각을 적곤 합니다. 누구에게 보일 일도 아니고 검사를 받을 일은 더욱 아니어서 마음이 가볍습니다. 헨리 데이빗 소로우는 《소로우의 일기》에서 이렇게 말하더군요.

"나의 일기는 추수가 끝난 들판의 이삭줍기다. 일기를 쓰지 않았더라면 들에 남아서 썩고 말았을 것이다"(1841. 2. 8.).

"내 생각을 담기에 일기만큼 좋은 그릇은 없는 것 같다. 수정은 동굴 속에서 가장 밝게 빛난다"(1852. 1. 28.).

손톱만큼 철이 들었기 때문일까요, 우리는 아는 만큼이 아니라 모르는 만큼 말한다는 생각이 듭니다. 글도 마찬가지일 것입니다. 모르는 만큼 씁니다. 말이나 글로 담아내지 못한 더 깊은 세계는 늘 침묵 속으로 침잠합니다.

오래 전 '바람'이라는 짧은 글을 쓴 적이 있습니다.

"지금 불어온 이 바람은/ 세상 한 쪽 끝/ 나비 한 마리 날아간 흔적일 수 있고/ 철새들의 나란한 날갯짓이나/ 가난

한 아이의 흐느낌/ 그 작은 어깨의 흔들림일 수도 있다
무심코 던진 말 한 마디/ 아니면 가벼운 웃음/ 바람처럼
떠나/ 누군가의 가슴/ 화인火印으로/ 예감으로/ 닿기도 하
거늘"

제대로 익지 못한 글을 묶는 것이 조심스럽지만, 저를 찾아
와 잠시 머물던 생각들이 누군가 지친 이에게 바람 한 줄기
로 닿는다면, 마음 시린 이에게 한 줌의 볕으로 다가갈 수
있다면 민망함이 덜할 것 같습니다.

책 마지막에 실린 글은 '세상 고마운 말/ 난 괜찮아'라는 글
입니다. 마른 강아지풀을 말아 올리며 친 거미줄에 새벽이
슬이 알알이 걸려 있는 모습을 보며 든 생각이었습니다. 쓸
때는 몰랐는데, 나중에 떠오른 것이 있었습니다. 로마인들
은 편지를 쓸 때 "시 발레스 베네, 발레오Si vales bene, valeo"
라는 인사말로 시작을 했다고 합니다. "당신이 잘 있으면,
나도 잘 있습니다"라는 뜻이었습니다. 표현은 다르지만 '난
괜찮아'라는 말도 같은 의미겠구나 싶었지요.
돌아보면 모두가 빚이라는 생각이 듭니다. 굽이굽이 사랑
의 큰 빚을 지며 살았습니다. 빚 없이 고개를 넘은 적이 언

제였나 싶습니다. 다 갚지 못할 빚입니다. 둘러보면 모두가 빚이라는 생각도 듭니다. "참 아름다운 세상입니다", "사랑하며 살겠습니다"라는 고백은 끝내 버리고 싶지 않은 제 믿음의 고백입니다. 세상은 빛으로 아름답습니다. 어둠조차도 빛을 드러내는 도구일 뿐입니다.

"저는 괜찮아요"라는 말로 지금까지 살아오며 사랑의 빚을 진 모든 분들에게, 여전히 빛이 되어 주시는 모든 분들에게 고마운 마음을 전합니다.

2021년 '입동立冬'을 맞으며
한희철

1월

1
누군가를 사랑한다는 것은

누군가를 사랑한다고 생각하는 것과, 사랑하는 법을 아는 것은 다른 것이다. 누군가를 사랑한다고 생각하면서도, 사랑하는 법을 알지 못할 때가 있다.

사랑하는 법을 알지 못하면 오히려 사랑은 아픔과 상처가 된다. 사랑하는 마음이 크면 클수록 상처와 아픔도 커진다.

사랑한다고 생각하는 것과 사랑하는 것은 다르다. 사랑한 다면 사랑하는 법을 배워야 한다.

2
시詩

난해해서, 가벼워서, 이래저래 시가 시시해진 세상이다. 시를 읽거나 쓴다는 것은 생각의 난해함이나 미숙함을 그럴듯이 가리는 것이 아니다. 사물이나 사람, 삶에 대한 무리한 비약이나 과장이나 생략이 아니다.

버릴 걸 버려 마침내 본질에 닿는 것이다. '마침내'는 '단번에'이기도 하다. 게으름이나 주저함과는 거리가 멀다.

'詩'란 '언어言의 사원寺'이다. 그렇게 말할 수밖에 없는 것을 그렇게 말하는 것이다. 침묵과도 마음이 통해 마침내 세상의 모든 것을 사랑으로 대면하는 것이다. 눈물로 얼싸안는 것이다.

3
오히려 신뢰하는 것

오래 전에 잘 아는 의사와 이야기를 나눈 적이 있다. 정형외과 의사였다. 그가 뜻밖의 말을 했다.

"목사님, 평생 의사 생활을 했지만 갈수록 모르겠어요. 어떤 경우는 분명히 낫는다고 확신하고 수술을 했는데 낫지 않는 경우도 있고, 어떤 경우는 도무지 자신이 없어 흉내만 냈는데 깨끗하게 낫는 경우가 있으니 말이지요."

갈수록 모르겠다니 의사가 그렇게 말하는 것이 어디 쉬운 일일까, 이야기를 듣고서는 선생님께 말했다.

"그런 이야기를 들으니 선생님께 더 신뢰가 갑니다."

진심이었다. 우리가 신뢰하는 것은 그가 가지고 있는 실력이나 능력만이 아니다. 더욱 신뢰하는 것이 있다. 자신의 한계를 인정하는 겸손함이다. 진실에서 비롯된.

4
나쁜 놈, 어리석은 놈

그 중 나쁜 놈은,
다른 이의 분노를 자극하여 자신이 원하는 것을 얻으려 하
는 놈.

그 중 어리석은 놈은,
누군가의 충동에 생각 없이 분노하는 놈.

5
어느 날의 기도

제게 필요한 것은
촛대가 아니라
빛입니다.

6
말하는 방식

《논어》 한 구절에 밑줄을 친다.

'군자이행언 소인이설언君子以行言 小人以舌言.'

군자는 행동으로 말하고, 소인은 혀로 말한다는 뜻이다.

'행行'과 '설舌'이 선명하게 대비가 된다.

맞다, 말하는 방식은 두 가지다. 삶으로 말하는 사람이 있고, 혀로 말하는 사람이 있다. 말없이 말하는 사람이 있고, 말로만 말하는 사람이 있다.

7

사랑

누군가를 향해 가장 먼 길을 걸어가는
사랑이란

8

빈

한 글자로 된 우리말을 풀어낸《한 글자 사전》, 어떤 책인가
싶어 아무렇게나 책장을 펼쳤을 때, 대번 들어온 표제어가
'빈'이었다. 단 한 줄, 나머지는 비어 있었다. 비어 있는 여
백 자체가 '빈'을 말하고 있었다.

책에서는 '빈'을 이렇게 풀고 있었다.

'휑하지만 않다면 가장 좋은 상태'

9
집으로 돌아오는 소처럼

마주앉아 밥을 먹던 권사님이 자기 어릴 적 이야기를 들려주었다. 그가 자라난 고향은 버스도 들어오지 않는 외진 시골, 사방이 논으로 둘러싸인 동네였다. 어렸을 때부터 집안 농사일을 도와야 하는 것은 당연한 일이었다. 어쩔 수 없다지만 아이에게 농사일이 얼마나 고되었을까, 어렵지 않게 짐작이 된다. 권사님은 지금도 보리밥을 먹지 않는다고 했다. 어릴 적에 하도 먹어 물린 것이다.

아버지가 시키는 농사일은 모두가 고된 것만이 아니어서 기다려지는 일도 있었다. 소꼴을 먹이는 일이었다. 소를 몰고 강가로 나가 풀어놓기만 하면 되었기 때문이다. 소를 풀어 두면 소가 알아서 풀을 뜯어먹는데, 그러는 동안 친구들이랑 멱도 감고 고기도 잡을 수가 있었으니 그보다 좋은 시간이 어디 흔할까.

그렇게 신나게 놀다가 해가 기울 무렵 소를 끌고 집으로 돌아오기만 하면 되는데, 문제가 생길 때가 있었단다. 아무리

26

찾아도 소가 보이지를 않는 것이다. 어디로 갔는지 소는 보이지를 않고, 날은 어두워지고, 그러면 할 수 없이 무거운 걸음으로 돌아올 수밖에 없는데, 그런 날이면 아버지에게 호된 야단을 맞는 것은 당연했다.

소를 잃어버린 일이 어찌 야단만으로 끝날 일이겠는가, 온 식구가 잠을 못 잘 일이다 싶은데 그렇지가 않았단다. 다음 날 아침에 일어나 보면 언제 왔는지 소가 집에 와 있곤 했다는 것이다. 밤새 집으로 돌아온 소를 보는 소년의 얼굴에는 아침해 만큼이나 환한 웃음이 번졌을 것이다.

어찌 소가 자기 집을 알고 어둠 속에 돌아온 것일까, 소년의 궁금증은 어른이 되어서도 여전히 이어진다. 냄새든 기억이든 그 무엇인가를 따라 어둠 속 길이 보이지 않아도 뚜벅뚜벅 집을 찾아 돌아오는 소처럼, 우리도 그렇게 가는 것, 어둠 속을 헤매다가도 결국은 집을 찾아 가는 것, 누구라도 예외 없이!

10
전투와 전쟁

논쟁을 일삼는 수도자들을 꾸짖으며 수도원장은 말한다.
"논쟁에서 이기는 것은, 전투에서는 이기고 전쟁에서는 지는 것과 같다."
논쟁에서 이기는 것은 이기는 것이 아니다. 이겨도 지는 것이다. 더 소중한 것을 잃기 때문이다.
그런데도 끝까지 전투에서 이기려는 이들이 있다. 그들은 전쟁의 승패를 중요하게 생각하지 않는다. 눈앞의 전투를 이기는 데만 급급하다.
원수가 같은 배에 탔다고 배에 구멍을 낼 수는 없다. 그랬다간 모두가 죽는다. 그런데도 전투에서 이기기 위해서 배에 구멍을 내는 이들이 있으니 딱하다.
전투에서는 이기고 전쟁에서는 지는, 기가 막힌 패배!

11

길

어쩌면 가장 먼 길
한 사람에게 가는 길

어쩌면 가장 험한 길
한 사람에게 닿는 길

12
상처

몸에 상처가 나면 약을 바른다. 상처가 크거나 깊으면 꿰매
거나 수술을 받는다. 뼈가 부러지거나 탈골이 되었을 때야
말할 것도 없다.

그런데도 마음은 방치를 한다. 눈에 보이지 않기 때문이기
도 하고, 무슨 약이 있을까 싶기 때문이기도 하다. 시간이
약이라는 말은 그냥 나오지 않았을 것이다.

방치한 상처는 덧이 난다. 거칠게 커진다. 마음의 상처도 마
찬가지다. 방치된 마음의 상처는 창이 된다. 상처라는 창을
통해 세상을 본다. 사람과 사물을 늘 비뚤어지게 보는 것은,
상처라는 창으로 바라보기 때문이다.

상처를 안고 있는 이들은 상처에 익숙하다. 자기도 모르게
자신에게 상처를 덧입히고, 자기도 모르게 누군가에게 상
처를 준다. 때로는 상처를 통해 존재감을 확인하곤 한다. 상
처를 더 크게 입힐수록 자신을 영향력 있는 사람으로 여긴
다. 그러면서도 상처투성이의 상황을 오히려 편안하게 여

긴다. 상처 없는 상태를 불안하게 여기듯이.

형편없이 갈라진 몸이 아니라, 방치하고 있는 마음속 상처
를 먼저 치유할 일이다.

13
아름답고 쓸모없기를

시인은 제목도 잘 짓는다. 제목이 곧 시詩이기도 하다. '아름답고 쓸모없기를', 김민정 시인의 시 제목이자 시집 제목이다.

아름답고 쓸모없기를…, 짧지만 깊은 기도로도 다가온다. 아름답고 쓸모없는 것이 참으로 아름다운 것이구나, 아름답기 위해 쓸모 있기 위해 발버둥을 치는 세상에 던지는 나직한 경구警句.

시집을 열지도 않고 한참 시를 읽는다.

14
같은 곡이라도

같은 곡, 같은 악기라도 누가 연주하느냐에 따라 다르게 들린다. 무엇이 그것을 구별하는 것일까? 같은 본문인데도 누가 전하느냐에 따라 말씀은 다르게 다가온다. 과연 그것을 구별하는 것은 무엇일까?

LP판이라 그럴까, 파블로 데 사라사테Pablo de Sarasate가 작곡한 지고이네르바이젠Zigeunerweisen Op.20, 안네 소피 무터Anne Sophie Mutter의 연주를 처음처럼 듣는다. 울 듯 말 듯 집시가 노래를 한다. 따뜻하고 눈물겹다.

누군가에게는 내 말과 생각이 그렇게 다가갔으면.

어느 날의 기도

어려운 사람 곁을 지날 때
안쓰러움만으로 지나는 일 없도록
너무 가난하게 마시고,

이 땅을 떠날 때
떠나는 것 아쉬움 없도록
너무 부하게도 마소서.

16

울며 뿌린 씨

'눈물을 흘리며 씨 뿌리는 자, 기뻐하며 거두어들이리라. 씨를 담아 들고 울며 나가는 자, 곡식단을 안고서 노랫소리 흥겹게 들어오리라'(시편 126:5~6, 공동번역).

시편의 노래는 내 안에서 다른 시 하나와 만난다.
'거친 들에 씨 뿌린 자는 들을 잊기 어렵나니/어찌 견딜 수 있는 곳을 가려 아직 너의 집이라 하랴'
황동규의 〈비가悲歌〉 제5가에 나오는 한 구절이다.
울며 씨를 뿌린다니, 씨를 담아 들고 울며 나간다니, 생각만 해도 먹먹해진다. 고운 땅이 아니라 거친 들에 씨 뿌리는 자는 들을 잊지 못한다. 안락한 곳이 아니라 견딜 수 없는 곳을 오히려 자기 존재의 집으로 삼는다.
세상은 그렇게 뿌린 씨로 밥을 먹고 산다. 누가 씨를 뿌렸는지에 대해서 별 관심이 없는 채로.

17
같은 것은 서로에게

산이든 강이든 바다든 어디를 찾아도, 나무든 꽃이든 구름
이든 무엇을 보아도, 바람이 지나가는 소리든 새소리든 물
소리든 어떤 소리를 들어도, 자연 앞에서 우리는 편안함을
느낀다. 어릴 적 어머니 품 같은 안도감, 혹은 위로를 얻는
다.

자연의 아름다움 때문만은 아닐 것이다. 자연의 품에 들 때
마다 우리가 편안해지는 것은 한 가지, 우리 또한 자연의
일부이기 때문이다. 다른 곳에서는 느낄 수 없었던 것을 자
연 속에서 감지하게 되기 때문이다.

쇠가 자석에게 끌리듯이, 나침반이 방향에 반응하듯이, 저
산 소쩍새가 이 산 소쩍새에게 응답하듯이, 사랑하는 이에
게 어느새 마음이 가듯이, 성질이 같은 것은 서로에게 반응
하기 때문이다.

18
겨울 나그네

슈베르트의 '겨울 나그네'를 안 지는 제법 오래되었다. 이번 겨울을 지나면서도 몇 번인가 노래를 들었다. 독일에서 살았던 경험 때문일까, 노래를 들을 때마다 음습하고 을씨년스러운 독일의 겨울이 펼쳐진다.

몰랐던 것이 있다. 겨울 나그네가 한 시인의 시에 붙인 곡이라는 건 알았지만, 그 시인이 빌헬름 뮐러Wilhelm Müller라는 건 잊고 있었다. 전혀 몰랐던 것도 있었다. 겨울 나그네가 '낯선 이로 왔다가 낯선 이로 간다네'로 시작된다는 것, 그리고 다음과 같은 가사로 끝난다는 것은 전혀 몰랐다. 그러고 보니 분위기를 즐겼을 뿐, 가사의 내용을 알려고도 하지 않았다.

"저편 마을 한구석에 거리의 악사가 서 있네.
얼어붙은 손가락으로 손풍금을 빙빙 돌리네.
맨발로 얼음 위에 서서 이리저리 몸을 흔들지만

그의 조그만 접시는 언제나 텅 비어 있어.

아무도 들어줄 이 없고, 아무도 거들떠보지 않는다네.

개들만 그 늙은이 주위를 빙빙 돌며 으르렁거리고 있네.

그래도 그는 모든 것을 되는대로 내버려두고 손풍금을 돌린다네.

그의 악기는 절대 멈추지 않는다네."

거리의 늙은 악사가 눈에 선하다. 얼어붙은 손가락으로 손풍금을 빙빙 돌리는, 맨발로 얼음 위에 서서 이리저리 몸을 흔드는, 개들만 주위를 빙빙 돌며 으르렁거릴 뿐 아무도 들어주는 이가 없는, 늙은 악사의 생계를 책임질 조그만 접시는 언제나 텅 비어 있는, 그런데도 손풍금을 절대 멈추지 않는….

누가 어떻게 만든 줄도 모르고 듣는 노래가 얼마나 많을까? 어떤 내용인 줄도 모르고 흥얼거리는 노래는 얼마나 많을까? 어떻게 시작되는 줄도 모르고 시작하는 걸음과, 어디서 마치는 줄도 모르고 걸어가는 길은 얼마나 많을까? 헤아리기 힘든 누군가의 슬픔과 아픔을 거리의 풍경처럼 바라보며 스쳐가는 경우는.

그가 누구라 할 지라도 얼어붙은 손가락으로 손풍금을 빙빙 돌리는 겨울 나그네 곁은 이렇게 지나가는 것이 맞겠다. 겨울 나그네의 마지막 가사처럼.

'참으로 이상한 노인이여, 내가 당신과 함께 가 드릴까요? 나의 노래에 맞춰 손풍금을 켜 주지 않을래요?'

19

또 하나의 나

필리핀 딸락 지역에 의료선교를 다녀왔다. 의료선교는 모두 세 곳에서 이루어졌다. 허름하고 좁긴 해도 예배당에서 진료가 이루어졌는데 깜짝 놀랐던 것은 그곳을 찾는 수많은 아이들이었다. 고만고만한 아이들이, 표현이 송구하지만 '깨알 쏟아지듯' 몰려왔다. 피난민촌처럼 여겨질 만큼 허술한 집들이 모여 있는 동네에, 저 많은 아이들이 어디에 있었을까 싶을 정도였다. 헝클어진 머리와 허름한 옷, 새까만 발, 어린아이임에도 까맣게 변한 치아, 엄마라고는 믿기 어려울 만큼의 어린 나이에 자식들을 안고 있는 모습, 치과 진료를 맡은 이에게 물어보니 첫날에 뽑은 치아만 46개라고 했다.

길지 않은 일정이었지만 많은 것을 생각하게 하는 시간들이었다. 유난히 마음에 남는 장면이 있다. 창가에 매달린 아이들이었다. 창가에 매달려 예배당 안에서 이루어지는 진료를 바라보는 눈길들이 있었다. 들어와서 진찰이나 치료를 받으면 치약이나 칫솔 등을 선물로 받을 수 있음에도 그들은 창문을 통해서만 안을 들여다 볼 뿐이었다. 행여 눈이 마주치면 얼른 숨어버리곤 했다.

그들은 왜 선뜻 안으로 들어오지 않았을까? 아니면 못했을까? 단순한 부끄러움 때문만은 아니었으리라. 경계심이나 두려움일 지도 모르고, 어쩌면 자존심 때문일 지도 모른다. 창가에 매달린 아이들이 만들어 내는 거리감이 마음 아프게 남았다.

치료를 받은 후 선물을 받고 돌아섰던 아이들이든, 창가에 매달려 안을 들여다 볼 뿐 끝내 안으로 들어오지 않았던 아이들이든, 내내 마음속을 떠나지 않았던 생각은 그 모든 아이들의 모습 속에는 내 어릴 적 모습이 담겨 있다는, 어릴 적 우리의 모습도 저 아이들과 크게 다르지 않았다는, 그래서 더욱 눈물겨운….

20

"야, 야, 애들 나와라!
여자는 필요 없고 남자 나와라!"

"야, 야, 애들 나와라! 여자는 필요 없고 남자 나와라!"
거의 매일 저녁 아이들 부르는 소리가 동네를 몇 바퀴씩 돌았다. 그 일은 언제나 숙제를 먼저 마친 아이들 몫이었다. 그 소리가 울려 퍼지면 기다렸다는 듯 아이들이 달려 나왔다. 제법 마당이 넓은 나무로 된 전봇대 아래, 우리가 늘 모이는 곳은 이내 아이들로 북적댔다.

그렇게 모인 우리는 만세잡기, 술래잡기, 다방구 등 신나는 놀이를 했다. 매일 해도 정말로 신이 나는 놀이들이었다. 그 놀이는 어둠이 한참 깔려서야 끝이 나곤 했다.

상호야, 웅근아, 호진아, 병세야, 저녁 먹으라 불러대는 엄마들 목소리가 또 한 차례 동네를 울리고 나서야 아쉽게 놀이가 끝나곤 했다.

아직도 내 기억 속에는 그 소리들이 남아있다. 매일 저녁 동네를 돌며 애들 나오라 부르는 소리, 땅거미 속 밥 먹으라 불러대던 엄마들의 소리. 때론 얼마나 그리운 소리들인

지. 그렇다. 고향이란 그곳이다.

언제라도 날 부르는 친구들의 소리가 있는 곳. 밥 먹으라
불러대는 엄마들의 소리가 있는 곳. 그 곳!

21
북

북소리가 들리면 춤 출 일이 아니다
북을 누가 치는 지를 살필 일이다

22
마음 있는 곳으로

어딘지 알 수 없는 낯선 곳이었다. 다른 일행도 있었는데
나는 친구와 나란히 누워 잠을 자고 있었다. 자다 말고 친
구의 두 손을 잡았더니 따뜻했다. 따스한 체온이 구체적으
로 전해졌다. 꿈속에서도, 먼저 이 땅을 떠났어도.
삶과 죽음은 별개의 것이 아니었다. 세월의 강은 어디로나
마음 있는 곳으로 흐르는 것이었다.

23

말과 독毒

잔뜩 독을 묻힌 말을 화살처럼 쏘아대는 이가 있고,
온통 번진 독을 따뜻한 말로 치유하는 이가 있다.

24
존재한다는 것만으로도

늘 앉는 책상 위 모니터 앞에는 서너 개 소품이 놓여 있다.
그 중의 하나가 딸이 선물한 것인데, 노루귀 아닐까 싶은
사진을 배경으로 다음과 같은 글이 담겨 있다.

"Some people make the world more special just by
being in it."

'어떤 이들은 단지 존재하는 것만으로도 세상을 더욱 특별
한 곳으로 만든다'는 뜻이겠다.
맞다, 그런 이들이 있다. 존재하는 것만으로도 충분히 세상
을 아름답게 하는 이들이 있다. 존재하는 것만으로도 세상
을 어수선하게 만드는 이들이 있는 것처럼.

25

나무를 심은 사람

《나무를 심은 사람》을 쓴 장 지오노는 1895년 프랑스 프로 방스 지방에서 구두를 수선하는 집의 아들로 태어났다. 워낙 집이 가난하여 제대로 교육을 받지 못했는데, 17살 때는 1차 세계대전이 일어나 5년 동안 전쟁터에 나가 싸우기도 했다. 그런 경험들이 모두 '나무를 심은 사람'에 녹아 있다. 평소 지오노는 자신의 작품이 설교가 되기를 원치 않는다고 했지만, '나무를 심은 사람'은 설교 이상의 의미를 전해준다.

영화를 본 뒤 교우들과 몇 가지 이야기를 나눴다.

-제목은 '나무를 심은 사람'이지만, 실제로 심은 것은 도토리다. 집을 그리라 하면 대개가 지붕부터 그리지만, 집은 터를 다지는 일부터 시작한다. 눈에 보이는 것에 집착하지 말고, 씨앗부터 심어야 한다.

-아무것이나 심으면 안 된다. 좋은 도토리를 골라내야 한

다. 그래야 좋은 나무가 선다. 좋은 씨를 고르기 위해서는 나쁜 씨를 가려내야 한다.

-나무를 심은 사람은 말을 잊는다. 굳이 설명할 필요를 느끼지 않는다. 때로는 말로 씨앗을 대신하는 사람들도 있다.

-나무를 심은 사람은 내 땅과 남의 땅을 가리지 않는다. 셈을 버린다. 황량한 땅, 버려진 땅이 있다면 그곳에 나무를 심는다.

-모래바람이 불던 황량한 땅을 계곡물이 흐르는 녹색의 숲으로 변하게 한 것은 씨앗을 심은 한 사람이다. 그는 누군가의 갈채를 기대하지 않았다. 씨를 심되 나머지를 잊는, 아시시의 프란체스코는 말했다.

"주님은 내가 전에 없었던 바보가 되었으면 좋겠다고 하셨다."

26
'나비'는 예언자

가장 가냘팠지만 가장 강했던, 검버섯 번진 얼굴에도 눈은
별빛 같았던, 부푼 꿈으로 하루가 짧았을 열네 살 나이에
전쟁터로 끌려가 팔 년 만에 돌아온, 환향녀 화냥녀 아픔의
거죽 강요받은 침묵을 용기로 찢었던, 이 땅에 다시는 같은
고통 남기지 않기 위해 목소리를 높였던, 양심을 돈과 바꾸
지 않았던, 복된 아이福童라는 예쁜 이름을 가졌던, 김복동
할머니가 이 땅을 떠났다.

할머니는 죽어 나비가 되고 싶다고 했다. 나비처럼 날고 싶
다고. 이 땅에서의 걸음걸음이 얼마나 무거우셨으면. 할머
니는 나비가 되어 이 땅을 난다. 할머니는 이 시대의 나비
였고, 앞으로도 나비일 것이다.

히브리어는 잘 모르지만 기억하는 단어 하나, '나비'!(NABI,
예언자豫言者)

27
문

세상에서 참 어려운 건
마음의 문 여는 것
첫 등교한 학생이 밤새 닫혀 있던
교실 문 열듯
마음의 문 여는 것

그보다 더 어려운 건
마음의 문 닫는 것
언제 돌아올지 모르는 집을 나서며
대문 닫듯
마음의 문 닫는 것

28
가는지, 오는지

책상에 앉아 있는데, 맞은 편 창문 밖으로 사다리차가 보인다. 3층에 닿은 사다리차를 통해 연신 짐들이 오르락내리락 한다. 사다리차는 누구의 상상력으로 만들어졌을까? 복도를 통해 옮기면 꽤나 힘들 수밖에 없는 짐들을 손쉽게 옮기고 있으니 말이다. 생각해 보면 상상력은 단지 상상력에 머물지 않는다. 효용성도 크다.

사다리차를 보며 누가 이사를 오나 보다 했는데, 아니었다. 이사를 가는 것이었다. 찾아가서 묻지 않아도 책상에 앉아 이사를 가는지 오는지를 알 수 있는 길이 있었다. 사다리차가 상자를 싣고 3층 창문까지 올라가면 창문 안에 있던 누군가가 상자를 받는다. 유심히 보니 올라가는 상자는 가볍고 내려오는 상자는 무겁다. 빈 상자가 올라가 짐을 채운 뒤에 내려오는 것이다. 그렇다면 이사를 가는 것이 틀림없지 않겠는가.

세상에는 굳이 묻지 않아도 알 수 있는 일들이 있다. 같은 모습을 통해서도 얼마든지 헤아릴 수 있는 것들이 있다. 말로 마음을 가리지 말아야 할 일이다.

29
어느 날의 기도

너무 오랫동안 당신의 손이 닿지 않은,
오늘 우리는 황무지입니다.

30

악보

'페친'이라는 말을 처음으로 써본다. SNS에 서툰 내게는 '폐를 끼치는 친구'라는 느낌도 있었던, 낯선 말이다. 우연히 페친이 올린 사진을 보았다. 미국에 사는 분인데, 2015년 일리노이 어느 공원에서 찍은 사진이라 했다. 마른 수초가 호숫물에 비친 모습 아닐까 싶었다.

그런데 사진을 보며 대번 수초라 말하는 것은 도무지 도리가 아니다 싶었다. 이응로 화백도 영감의 원천으로 삼았을, 자연이 그려낸 추상화였다.

그것은 그림만이 아니었다. 놀라운 연주이기도 했다. 시간과 바람을 저보다 잘 표현한 악보가 어디에 있을까.

누군가 마음으로 악보를 읽을 사람이 있어 피아노를 치거나 교향곡으로 연주한다면 세상은 깊고 고요하리라. 하늘 평화 가만 임하리라.

강가 갈대

절실하지 않은 것들을 그리워하지 말자
절박하지 않은 것들을 기다리지 말자

약하면 약한 대로
허술하면 허술한 대로
강물보다 긴
침묵의 뿌리를 사랑하자

짧은 하루해보다 긴
서늘한 그늘을 품자

작은 바람에도 흔들리며
성급함과 어설픔 강물로 지우는
강가 갈대처럼

2월

1
커다란 것을 기다리는 사람

"커다란 것을 기다리는 사람은 작은 것은 얼마든지 기다릴
수 있습니다."

가브리엘 가르시아 마르케스Gabriel Garcia Ma´rquez가 쓴
《아무도 대령에게 편지하지 않다》에 나오는 한 구절이다.
지금 내가 기다리고 있는 커다란 것은 무엇일까?
어서 오지 않는다고 내가 힘들어하는 작은 것은 무엇일까?

2

촛불

촛불을 켤 때마다 드는 생각이 있다.

녹은 만큼 타올랐으면.

녹은 만큼 말했으면.

3
우愚

내가 옳다는 생각을 가지고 있는 이들이 쉽게 범하는 우愚
가 있다. 그런 점에서 기독교인들이 흔히 범하는 잘못이기
도 할 것이다.

'접인춘풍 임기추상接人春風 臨己秋霜'이라는 말이 있다. '다
른 사람을 대할 때는 봄바람처럼 대하고, 자기 자신을 대할
때는 가을 서릿발처럼 대하라'는 뜻이다.

그런데 대부분은 거꾸로 한다.

'접인추상 임기춘풍接人秋霜 臨己春風'이다.

내가 옳다는 생각으로, 당연한 듯이.

4

언어의 숲

오랜만에 서점에 들렀다.

천천히 언어의 숲을 거닌다.

장르의 골짜기를 지나가기도 한다.

헤픔에서 벗어난, 정제된 말들이 반짝이며 말을 건다.

뭘까?

머릿속이 헹궈지는 이 느낌은.

5
사소해도 요긴한

세탁을 해 온 가운을 입으려고 비닐 덮개를 벗기는데, 쉽게 벗겨지지가 않았다. 살펴보니 비닐커버 아랫부분을 옷핀으로 꿰매 놓은 것이었다. 소소한 부분까지 챙기는 꼼꼼함이 느껴졌다.

빼낸 옷핀을 버리지 않고 보관해 두기로 했다. 문득 떠오르는 것이 있어서였다. 열하루 동안 DMZ를 걸을 때, 어떤 물건을 챙겨야 할지를 정두수 장로님께 물은 적이 있다. 40여 일 산티아고를 다녀온 경험이 있으니 실제적인 도움이 될 것 같았다. 10가지 목록을 적어달라는 부탁을 장로님은 아예 필요한 물건을 전하는 것으로 대신했다.

그때 받은 물건 중의 하나가 옷핀이었다. 처음에는 옷핀이 어디에 필요할까 싶었는데, 아니었다. 옷핀은 먼 길을 걷는 사람에게 요긴한 물품이었다.

나는 두 가지 용도로 썼다. 하나는 물집을 터뜨릴 때 썼다. 유난스러운 폭우 속을 걸어 진부령을 오르고 나자 당장 발

바닥엔 큰 물집이 잡혔다. 물집이 생겼을 때 터뜨려야 하는지, 그냥 가라앉게 해야 하는지, 터뜨린다면 어떻게 터뜨려야 하는지, 언젠가 글을 읽은 기억은 있는데 어느 것이 맞는지 자신이 없었다. 마침 옷핀이 떠올랐고, 옷핀으로 찔러 물을 빼냈다.

또 다른 용도도 생각하지 못한 것이었다. 가방의 무게를 줄이기 위해 최소한의 것으로 챙긴 것 중에는 양말도 있었다. 두 켤레만 챙겨 번갈아 신기로 했는데, 두툼한 양말은 아침이 되어도 마르지가 않았다. 그때 떠오른 것이 옷핀이었다. 아침 일찍 길을 나서며 가방 뒤에 양말을 걸었다. 양말을 건 채 길을 걷다 보면 햇볕과 바람이 양말을 잘 말려주었다. 가방에 양말을 거는 데는 옷핀보다 좋은 것이 없었다.

그렇다. 세상에는 사소해 보이지만 실은 요긴한 것이 있다. 작은 옷핀처럼. 요긴해 보이지만 사소한 존재보다는, 사소해 보이지만 요긴한 존재되기!

6

저물녘

인생의 해 저물 때 세상은 얼마나 아름다울까
모르고 지낸 시간들은 얼마나 아프고 아릴까

7
누군가가

누군가가 아름다운 건 그가 그 다울 때
기웃거리지 않을 때

누군가가 든든한 건 그가 자기 자리를 지킬 때
흔들리지 않을 때

누군가가 고마운 건 그가 선 곳에서 넉넉할 때
눈길 닿지 않는 곳
외진 곳에서라도

8
문과 벽

오래 열리지 않는 문은 벽이다.

아무리 모양이 문이어도 실제로는 벽이다.

오래 열리지 않는 마음이 그렇듯이.

9

뿌리

말없이 어둠을 견딘다.

견고함을 향해 여린 손을 내민다.

답답할수록 맑은 숨을 쉰다.

낮은 곳으로 두레박을 내려 물을 긷는다.

나는 뿌리다.

10
눈에 띄는

마음 없이 하는 일은
마음 담아 하는 일만큼이나 눈에 띄는 걸

11

물러서기

오병이어의 기적 만큼 놀라운 일이 기적 뒤에 이어진다. 기적을 행한 후 예수는 혼자 산으로 물러간다. 그 이유를 성경은 이렇게 밝힌다.

"예수께서는 사람들이 와서 억지로 자기를 모셔다가 왕으로 삼으려고 한다는 것을 아시고, 혼자서 다시 산으로 물러가셨다"(요한복음 6:15).

혼자, 다시 산으로!

놀랍고 환하다. 높은 자리에 오르기 위해 온갖 일을 꾸미고 행하기를 마다하지 않는 우리네 흔한 삶을 두고, 불에 덴 듯 깜짝 놀라 물러나는 모습!

'사람이 세상에 태어나서, 나아가고 물러서기 참으로 어려워라 人生在世間, 出處難自爲.'

조선시대 박은朴誾의 시 한 구절이 문득 그윽하다.

12
먼 길

먼 길을 걸은 자는
발바닥과 심장이 따뜻합니다

13

어느 날의 기도

아무도 없어도
괜찮습니다.

아무 것도 없어도
좋습니다.

오히려
당신을 만날 곳은
그곳입니다.

14

기투와 비상

쏟아진다. 막힘없이 쏟아져 내린다. 그야말로 급전직하急轉直下, 아찔한 곤두박질이다.

목양실 책상에 앉아 일을 하다 보면 뭔가 창밖으로 쏟아질 때가 있다. 따로 눈길을 주지 않아도 그것을 느낄 수 있는 것은, 그 잠깐의 흐름이 창문을 통해 전해지기 때문이다. 빛인지 그림자인지 분간하기는 힘들지만, 폭포수가 떨어지듯 뭔가 빗금을 긋고 떨어지는 것을 느낄 수가 있다. 빗금을 따라가면 어김없이 그 끝에 참새들이 있다.

비단 떨어질 때만이 아니다. 솟아오를 때도 마찬가지다. 빛인지 그림자인지가 수직상승을 한다. 그것은 위로 긋는 빗금이어서 잠깐 사이에 창문에서 사라진다.

참새들이다. 목양실은 2층에 있고 바로 위가 옥상이다. 1층 앞마당엔 긴 담벼락과 소나무가 있다. 옥상에 있던 참새들이 한순간 몸을 던지는 것이다. 그것은 날기보다는 뛰어내림에 가깝다. 날개가 있는 것들은 얼마든지 허공에 자신을 내던진다.

참새들이 어디에서 무엇을 하는지는 참새들만 안다. 이따
금씩 공터나 소나무, 혹은 소나무 그늘 아래에 모습을 보
일 뿐이다. 자신들의 시간에 누군가 끼어들기를 원하지 않
는다는 듯, 종종 활시위를 떠난 화살처럼 옥상 위로 솟아
오른다.

그런 참새들을 눈부시게 바라본다. 아무 두려움 없이 자신을
내던지는, 저만한 기투企投가 어디 있을까 싶어서. 시공간을
단번에 꿰뚫는, 저만한 비상飛上이 어디 흔할까 싶어서.

15
모래 한 알과 물 한 잔

신발 속에 들어온 모래 한 알이 마라토너의 완주를 방해하기도 하고, 누군가 건네는 물 한 잔이 마라토너의 완주를 돕기도 한다.

외롭고 고된 길을 가는 사람에게도 마찬가지다. 무시하기 좋을 만큼 사소한 것이 완주를 가로막기도 하고, 나도 알아차리지 못할 만큼 사소한 것이 완주를 돕기도 한다.

16

가래와 가랫밥

늘 쓰는 가래에선 빛이 난다. 눈부시게 빛이 난다.
어떤 곳에서도 척척 '가랫밥'을 떠넘긴다.

쓰지 않는 가래엔 녹이 슨다. 붉은 녹이 슨다.
녹이 슨 가래는 '가랫밥'을 제대로 뜨지 못한다.

중요한 것은 가래가 아니다.
이름이나 형체가 아니다.
빛나는 가래여야만 '가랫밥'을 뜬다.

17

먹먹함

〈가버나움Capernaum〉이라는 영화를 보았다. 상영하는 곳이 많지 않아 극장을 찾는 수고를 해야 했다.

'먹먹하다'는 말은 그럴 때 쓰는 말이지 싶다. 영화를 보는 내내 가슴이 먹먹했다. 옆에 앉은 여자는 어느 순간부턴가 내내 울면서 영화를 봤다. 여자의 훌쩍임이 화면과 섞여 먹먹함을 더하게 했다.

영화를 보고 나와 승강기를 기다릴 때였다.

"뭘 먹을까?"

데이트를 하고 싶은 남자가 여자에게 물었을 때, 여자가 대답을 했다.

"저녁을 먹는 것도 사치인 것 같아."

도무지 허구 같아서 먹먹한, 그런데도 허구가 아니라서 더 먹먹한.

18
같기를

말과 맘이 다르지 않기를
맘과 길이 다르지 않기를

19

어쩌면 어쩌냐고

날이 흐리거나 마음이 흐리면 촛불을 켠다. 촛불은 어둑함과 눅눅함을 아울러 지운다. 겨울이 다 가도록 드물던 눈이 새벽부터 내리던 날, 책상 위에 촛불을 밝혔다.

사방 나무들이 울창하게 선, 촛불을 켜니 숲을 비추는 달빛처럼 은은하던 불빛이 얼마 지나지 않아 꺼지고 말았다.

초가 다 탄 것이었다. 초를 바꾸기 위해 다 탄 초를 꺼내보니 형체가 기이하다. 이리저리 뒤틀려 처음 모양과는 거리가 멀다.

다 탄 초가 넌지시 말한다. 끝까지 빛이었으면 됐지 남은 모양이 어쩌면 어쩌냐고.

20

상상력과 사랑

우리가 보는 달은 달의 한쪽 얼굴뿐이라 한다. 달의 자전시
간과 공전시간이 지구와 같기 때문이라는 것이다. 세상에,
지금까지 인간이 본 달이 달의 한쪽 얼굴뿐이었다니!

중국 우주선 창어4호가 달의 뒷면에 내렸다. 인류 역사상
처음 있는 일이라 한다. 달의 이면이 미답의 땅으로 남았던
것은 통신 문제 때문이었다. 그곳에서는 지구와의 통신이
불가능하기 때문이었던 것이다.

이런 난제를 극복한 중국의 과학 발전이 놀랍게 여겨진다.
통신 문제를 해결하기 위해 '췌치아오'라는 위성을 발사했
고, 그 위성이 지상 관제소와 창어4호 사이의 통신을 중계
하는 방식을 택했다는 것이다.

달의 이면에 발을 디딘 것이 어디 과학의 발전뿐이었을까?
그런 성과를 얻은 데에는 과학 못지않게 중요한 부분이 있
었다고 여겨진다. 다름 아닌 상상력이다. '창어嫦娥'라는 이
름은 중국 설화에 나오는 달의 여신에서 따온 것이며, '췌

치아오'는 '오작교烏鵲橋'를 의미한다.

국제천문학단체인 국제천문연맹IAU은 창어4호가 착륙한 곳의 지명을 '스타치오 톈허'로 공식 승인했다. '스타치오 Statio'는 라틴어로 '장소'라는 의미이고, '톈허Tianhe'는 '은하수'를 나타내는 중국어 '천하天河'에서 온 것이었다. 중국으로서는 인류 최초로 첫 발을 내딛는 곳에 자기 언어로 이름을 붙였으니, 그것이야말로 꿈의 결실이었을 것이다.

어쩌면 우리네 삶도 마찬가지 아닐까? 우리가 보고 있는 모습은 누군가의 한 면에 불과한 것 아닐까? 한쪽 면을 보면서 그것을 그의 전부라고 생각하는 것 아닐까? 아직도 모르고 있는 숨은 세계가 있다는 것을 모르고 있는 것 아닐까?

몰랐던 마음에 닿기 위해서도 필요한 것이 있을 것이다. 상상력과 사랑이다. 지금까지 내가 본 것을 전부라 여기지 않고 사랑에서 비롯된 상상력으로 다가갈 때, 상상력을 바탕으로 한 사랑으로 다가갈 때, 마침내 우리는 지금까지 몰랐던 미답의 마음에 닿을 수 있게 될 것이다. 달의 이면에 닿아 자기 언어로 그 땅을 명명한 창어4호처럼.

21

'아'와 '어'

'아' 다르고 '어' 다르다. 생김새가 같은 모음이 앞뒤로 등을 대고 섰을 뿐이지만, 그래서 엇비슷하게 보이지만 둘은 엄연히 다르다.

북미원주민들은 누군가와 이야기를 할 때는 말을 듣지 말고 말투를 들으라고, 자녀들을 가르친다고 한다. 말하는 이의 마음은 말보다도 말투에 담기기 때문이다.

'아' 다르고 '어' 다르다는 걸 모르는 사람이 어디 있을까. 그런데도 '아' 대신 '어' 하고 '어' 대신 '아' 하고는 정작 말한 사람은 그걸 모를 때가 있다니!

22

나는 지구에 돈 벌러 오지 않았다

《나는 지구에 돈 벌러 오지 않았다》, 김영광 시인이 낸 산문집 제목이다. 제목이 인상적이어서 설교 시간에 소개한 적이 있다. 두 가지를 생각해 보면 좋겠다고 했다.

'나는 지구에 00하러 오지 않았다.'

'나는 지구에 00하러 왔다.'

제목이 마음에 닿았을까, 몇몇 교우들이 책 제목 이야기를 했다. 시간이 한참 지난 후에 말이다.

마음에 남는 것은 따로 있다.

때로는 의외의 것이 남기도 한다.

23

문체文體

'문장을 통해 드러나는 필자의 개성이나 특징'을 '문체'라 한다. 신기하다. 사람마다 지문이 다르듯 글에도 글을 쓴 사람만의 특징이 담긴다니 말이다.

《니체의 문체》라는 책을 쓴 하인츠 슐라퍼Heinz Schlaffer는 문체와 관련해서 이런 말을 했다.

"저자의 문체는 그가 사용하는 단어들을 통해서 그런 것처럼, 그가 피하는 단어들을 통해서도 형태를 갖춘다."

어떤 단어를 사용하느냐 하는 것이 문체를 형성하는 것과 마찬가지로, 어떤 단어를 피하느냐 하는 것 또한 그의 고유한 문체를 형성한다는 것이다.

어쩌면 우리는 반쪽만 인식하고 있는 것인지도 모른다. 자신이 사용하는 단어가 자신의 문체를 형성한다는 것이야 누가 모를까. 하지만 우리의 문체를 결정하는 것 중에는 우

리가 피하는 단어들도 있다. 피하여 사용하지 않음으로 지
켜가는 나만의 문체가 있는 것이다.

선택하지 않는 무엇인가가 나를 결정하는 것, 그것이 어디
문체뿐일까? 말투도, 태도도, 심지어 사랑조차도!

24
소금기

서로의 가슴엔 소금기가 있어
서로를 안으면 바다가 일렁이고

25
때로는

잘 될 거야
때로는 작은 격려가

잘 지내는 거지
때로는 작은 관심이

잘 해 왔잖아
때로는 작은 신뢰가

다시 숨을 쉬게 한다.
다시 길을 가게 한다.

26

머잖아 우리는

볕 따뜻한 창가에 앉아 원로 장로님 내외분과 이야기를 나누는 시간은 마치 소풍을 나온 것 같았다. 어쩌면 이야기는 연륜 만큼 익는 것인지도 모른다. 가벼운 웃음 속에도 삶을 돌아보게 되는, 남은 시간을 헤아리게 되는 마음들이 담기고는 했다. 무슨 말 끝에 그랬을까, 이야기를 나누던 중에 이런 말을 했다.

"머잖아 우리 모두는 천하의 바보가 될 거예요."

잠시 침묵이 흘렀다.

"저는 시골에서 목회를 하며 돌아가시는 분들을 많이 지켜 보았어요. 당시만 해도 목사가 염을 했고요. 마지막엔 정말 별 거 없더라고요. 사람이 죽으면 예외 없이 천하의 바보가 돼요. 누가 왔다고 일어서지도 못하고, 울며 불러도 대답도 못하고, 칭찬한다고 웃지도 못하고, 욕한다고 화도 못 내고, 몸을 꽁꽁 묶는다고 소리도 못 지르고, 옷을 벗겨도 부끄러운 줄을 모르고, 옷이 마음에 안 든다고 수의를 거절하지도 못하고…, 살아온 사연은 다 다르지만 모두들 한 줌의 흙으로 돌아가더라고요."

어느새 겨울의 끝자락, 창밖 어디론가 봄은 자기의 자리를 잡고 있을 것이다. 어서 떠나지 않는다고 얼굴을 붉히거나 서둘러 왔다고 언성을 높이는 일 없이 겨울과 봄은 서로의 손을 맞잡을 것이다. 꽃이 아름다운 것은 빛깔이나 모양이나 향기 때문이 아니다. 지기 때문이다. 핀 꽃이 금방 진다는 것을 알기에 피어 있는 그 순간을 사랑하는 것이다.
나이 먹어갈수록 세월이 빠르게 지나가는 것 같다며 이야기를 나누는 시간, 마음으로는 눈부신 봄꽃들이 피지 싶었다. 무엇보다도 살아 있다는 것 자체가, 좋은 사람과 마주앉아 이야기를 나눈다는 것 자체가 아름답고 소중한 것이라는 생각이 뿌리를 내리듯 자꾸만 마음속으로 자리를 잡고 있었다.

27
새의 길

창밖 맞은편에 집 한 채를 새로 짓고 있다. 연립주택이지 싶은데 몇 층까지 올리는 것인 지 제법 높이 솟아올라, 창 하나를 거반 다 가렸다. 창을 통해 내다볼 수 있었던 하늘이 그만큼 좁아지게 되었다. 저렇게 높은 건물이 들어서면 달라지는 것은 풍경만은 아닐 것이다. 바람의 길도 달라질 것이다. 바람에게 어디 정해진 길이 따로 있을까만, 바람은 자연스레 저 건물을 비켜 지나갈 것이다.

새들의 길도 달라질 것이다. 얼마든지 자유롭게 지나가던 공간을 이제부터는 조심해서 날아야 한다. 익숙한 대로 날다간 벽에 부딪치고 말 일, 더 높이 비상하여 지나든지 옆으로 돌아가든지 다른 길을 택해야 한다.

우리가 당연한 듯 어떤 일을 할 때에도, 누군가는 그 일로 인하여 다른 선택을 해야 한다. 내가 하는 일로 인하여 누군가는 그의 길을 바꿀 수도 있는 일, 내가 내 일을 한다고 나머지를 아예 무시해서는 안 될 일이다.

28

봄꽃

추위와 목마름을
고스란히 품고
말없이 핀다.
꽃은 도무지 핑계를 모른다.
꽃은 스스로 경계를 지운다.

3월

1
소금과 소금통

3 · 1만세운동이 일어나던 당시 우리나라 기독교 인구는
1.5% 정도였다고 한다. 인구 1,600만 명 중 20만 명 정도가
기독교인이었으니 말이다. 그런데도 독립선언서에 서명한
33인 중 16명이 기독교인이었다. 변절한 자가 없었던 것은
아니지만, 나라와 민족을 위해 앞장을 섰던 것은 분명하다.
수는 적었어도 소금의 역할은 충실하게 감당했다.

그때에 비하면 오늘의 기독교는 비교할 수 없을 만큼 수가
늘었다. 소금의 양이 많아졌다. 소금 통이 커졌고, 화려해
졌다.
하지만 소금은 장식용이 아니다. 크고 화려한 통을 채우는
데 존재의 이유나 목적이 있지 않다. 소금의 소용은 오직
하나, 녹을 곳에서 녹아 사라지는데 있다.

2

이명과 코골이

자기만 알고 남들이 모르는 것이 있고, 자기만 모르고 남들은 다 아는 것이 있다고 한다. 이명耳鳴과 코골이다. 머리가 아프도록 내 안을 가득 채우는 소음을 어찌 다른 이들이 알겠으며, 집 안이 울리도록 코를 고는 것을 내가 모른다고 어찌 다른 이들이 모르겠는가.

이명과 코골이 이야기가 단순하고 자명하고 재미있다. 어디 이명과 코골이 뿐이겠는가, 나만 알고 남이 모르는 것들과, 나만 모르고 남들은 다 아는 것들은 얼마든지 있을 것이다.

나만 알고 다른 이들이 모르는 이명보다도, 다른 이들은 다 아는데 나만 모르는 코골이가 마음에 걸린다. 무릇 코골이란 잠에서 깨어나야 함께 있었던 이에게 물을 수 있는 일, 잠자면서 코를 골았는 지를 물을 수 없는 노릇이니 말이다.

3
영춘화

담장에 영춘화가 한창이다. 봄을 맞는다는 영춘화迎春花는
개나리와 닮았다. 노란 빛깔이 그러하고 꽃의 작은 크기가
그러하다. 잔가지로 늘어진 것도 마찬가지여서 멀리서 보
면 대뜸 개나리를 떠올리기가 십상이다.

꽃이 피자 지나가는 이들이 걸음을 멈춰 선다. 가만 서서
바라보기도 하고, 꽃을 보며 빙긋 웃기도 하고, 스마트폰을
꺼내 사진을 찍기도 한다.

꽃은 지나가는 사람을 부르지 않는다. 날 좀 보라며 잡아끈
것도 아니다. 그런데도 꽃은 걸음을 멈추게 한다. 바라보는
이에게 말없이 웃음을 준다.

예배당 담장을 따라 핀 영춘화, 교회라는 존재가, 우리들의
믿음이 영춘화를 닮았으면…. 말없이도 걸음을 멈춰 바라
볼 수 있는 기쁨이 되었으면…, 영춘화를 보며 마음에 소망
하나를 품는다.

4

평화

정릉교회에서 길 아래쪽으로 가다 보면 만나게 되는 첫 번째 집, 도자기를 굽기도 하고 팔기도 하는 가게 앞을 지날 때였다. 비둘기 두 마리가 뭔가를 열심히 쪼아대고 있다. 가게 앞 실외기 아래에 놓인 두 개의 그릇, 사료와 물이었다. 길고양이를 위한 배려라 여겨지는데 그걸 비둘기가 먹고 있는 것이었다. 사료와 물을 놓아둔 누군가가 고양이밥이라 따로 써 놓지 않았으니 누가 먹으면 어떨까. 고양이가 나타나기 전까지가 먹을 수 있는 시간이라는 것을 비둘기는 경험으로 알고 있을 것이다.

감나무 위에 남긴 까치밥을 까치만 먹진 않는다. 참새도 먹고, 박새도 먹고, 직박구리도 먹는다. 자연은 나누어 먹는다. 고루고루 나누어 먹는 것이 평화다. '和'는 벼禾와 입口이 합해진 말, 먹을 것이 모든 입에 나누어지는 것이 '평화平和'다. 도자기 가게 앞 실외기 아래 그 좁은 공간에는 두 개의 그릇과 함께 오롯이 평화가 머물고 있다.

5

순이, 날다

"오늘 낮예배 시간에 순이가 또 탈출했다!! 생각도 못한 길로. 모든 구멍을 다 막았기에 이제는 끝났다 했더니 오늘 개집 지붕으로 올라가 담을 뛰어넘어 나왔다!! 밖에서 놀던 아이들이 보고 알려줘서 잡았다. 오후에 지붕 위로 올라갈 수 없도록 망을 씌우고 집 하나는 가운데 쪽으로 옮겼다!! 빠삐용 순이와 머리싸움 하는 것 같다."

영월 김 목사님이 문자를 보냈다. 빠삐용 순이가 또 탈출을 했다는 것이다. 도저히 불가능해 보이는 구멍을 통해 탈출을 감행했던, 순이의 유일한 탈출구였던 작은 구멍을 굵은 철사로 촘촘하게 막아 더는 탈출이 불가능할 줄 알았는데, 다시 탈출을 했다는 것이다. 아무리 생각해도 방법이 없지 싶은데, 어디로 빠져나간 것일까?

이번엔 뻥 뚫린 하늘이었다. 주일날 예배당 마당에서 놀다가 순이가 탈출하는 순간을 목격한 아이들의 증언에 의하면 빠삐용 순이는 기가 막힌 선택을 했다. 자기 집 지붕 위로 올라가 울타리를 뛰어 넘은 것이다. 순이는 얼마나 많은 생각을 했을까, 그런 뒤에 찾아낸 탈출구, 하늘!

결국 순이는 다시 갇혔고, 목사님은 개집 위에 망을 씌웠다. 또 하나의 개집은 지붕에서 뛰어도 소용이 없도록 울타리 가운데로 옮겼다. 이야기만 들어도 순이의 깊은 한숨 소리가 전해지는 듯하다.

목사님은 빠삐용 순이와 머리싸움을 하는 것 같다고 했지만, 그럴수록 나는 순이를 응원한다. 자유의 본능이 얼마나 강한 것인지를, 어느 누구도 그 무엇으로도 막을 수 없다는 것을 순이가 보여주기를 바라기 때문이다. 그런 마음을 담아 답장을 보냈다.

"형, 순이는 아무도 몰래 겨드랑이 아래로 날개를 키울 지도 몰라요. 그리고는 어느 달 밝은 밤, 굳이 애쓸 것도 없이

가뿐하게 사뿐 울타리를 뛰어넘을 지도 몰라요. 달빛을 타
고 하늘로 올라 동강을 훌쩍 뛰어넘을 지도요. 그러거들랑
찾지 마세요. 한 식구 같았던 순이가 눈에 선하겠지만 빠
삐용 순이는 마침내 꿈꾸던 자유를 찾은 것일 테니까요."

6
개똥과 시詩

정릉교회 예배당 앞에는 작은 정원이 있다. 나무와 꽃이 있고, 파고라 아래 벤치도 있어 휴식할 수 있는 즐거움을 준다. 벤치 중에는 맞은편으로 북한산이 마주 보이는 곳도 있으니, 잠시 쉬어가기에는 좋은 자리가 된다.

조경위원회를 맡은 권사님이 정성으로 꽃과 나무를 가꿔 전에 못 보던 귀한 꽃과 나무를 보는 즐거움이 더해졌다. 파고라 위로 자라는 포도나무와 등나무가 자리를 잡으면 멋진 그늘이 드리워질 것이다.

그런데 정원을 가꾸다 보니 생각하지 못한 문제도 만나게 된다. 권사님이 심은 좋은 꽃들이 누군가의 손을 타서 없어지는 일들이 일어난다. 예배당 마당에 심은 꽃을 캐가다니, 꽃을 사랑해서 그런다고 하기에는 이해가 되지 않는 대목이다.

또 하나의 문제가 있다. 애완견이다. 애완견이 예배당 마당에 오는 것이 무엇 문제가 되겠는가만, 누군가 애완견을 데리고 예배당 마당으로 산책을 나왔다가 똥을 그대로 내버려 두고 가는 일들이 있다. 예배당 정원에 싼 똥은 그대로 두어도 된다고 생각하는 것인지, 따로 보는 사람이 없다고 생각을 해서인 지 치우지 않고 그냥 갈 때가 있다. 좋은 마음으로 정원으로 들어서다가 똥을 밟은 이들은 그야말로 똥 밟은 기분이 될 수밖에 없다.

그런 일들을 막기 위해 형식적으로 CCTV를 달았지만 소용이 없었다. 설마 교회에서 날 어쩌려고, 그런 마음이었는지 모르겠다. "개똥을 치워주세요"라는 직설적인 표현 대신 "하나님을 예배하는 예배당에 어울리는 마음은 착하고 아름다운 마음입니다"라는 글을 써서 붙여 놓았지만, 개똥은 여전했다.

이번에는 다른 선택을 하기로 했다. 시를 붙여두기로 했다. 작은 액자 속에 시를 써서 파고라 기둥에 하나씩 붙여 두었다. CCTV도 소용없고, 착하고 아름다운 마음에 호소해도 소용이 없었던 터에 시가 무슨 소용이 있을까 싶지만, 그러거나 말거나 이번에는 시로 말을 걸어보기로 한다. 부디 시가 개똥을 이기기를!

7
봄꽃

교우 한 분이 화분을 전해주었다. 볕 잘 드는 창가에 두었
더니 어느 날부터 꽃을 피우기 시작한다. 개나리를 닮은 노
란 영춘화가 먼저 꽃을 피웠고, 이어 매화의 꽃봉오리가 간
지럼을 탄다.

꽃을 먼저 보는 즐거움을 누린다.
먼저 피었다고 으쓱대지 않는 꽃을.

8

줄탁동시啐啄同時와 곤달걀

'줄탁동시'라는 말은 줄啐과 탁啄이 동시에 이루어진다는 뜻이다. 알 속에서 자란 병아리가 때가 되면 밖으로 나오기 위해 부리로 껍데기 안쪽을 쪼는데 이를 '줄'啐이라 하며, 어미 닭이 병아리 소리를 듣고 밖에서 알을 쪼아 새끼가 알을 깨는 행위를 도와주는 것을 '탁'啄이라고 한다. 병아리가 알에서 나오기 위해서는 새끼와 어미 닭이 안과 밖에서 동시에 쪼아야 한다는 뜻으로, 가장 이상적인 사제지간을 비유할 때 쓰는 말이다.

'곤달걀'이 있다. 계란이 병아리로 부화되기 전에 알속에서 곯아버린 것을 말한다. 병아리 모양을 고스란히 간직하고 있지만, 결국은 알속에서 죽어 버린 계란을 말한다. 가난한 유년시절, 징그럽다는 생각도 없이 곤달걀에 남아 있는 얼마 되지도 않는 살점을 발라먹던 기억이 내게도 있다.
곤달걀을 설명하며 맛있게 먹은 기억이 있다 하면 곤달걀

을 몰랐던 대부분의 사람들은 인상을 찌푸리며 고개를 저
으면서도, 지금 우리의 신앙이 곤달걀과 다를 것이 없지 않
겠냐는 말은 대수롭지 않게 받아들이는 것 같아 마음이 조
심스럽다.

9

낡은 질동이에 남은 송구떡처럼

우연히 듣게 된 백석의 시 한 구절이 있었다. '집난이는 돌아갈 줄 모르고'라는 구절로, 설교 시간에 송대선 목사가 인용한 것이었다. 백석의 어느 시에 담겨 있는 것인지를 알게 된 것은 우연한 일이었는데, '고방'이라는 시였다.

고방

낡은 질동이에는 갈 줄 모르는 늙은 집난이 같이 송구떡이 오래도록 남어 있었다

오지항아리에는 삼촌이 밥보다 좋아하는 찹쌀탁주가 있어서

삼촌의 임내를 내어가며 나와 사춘은 시큼털털한 술을 잘도 채어먹었다

제삿날이면 귀머거리 할아버지 가에서 왕밤을 밝고 싸리 꼬치에 두부 산적을 꿰었다

손자아이들이 파리떼같이 모이면 곰의 발 같은 손을 언제나 내어 둘렀다
구석의 나무말쿠지에 할아버지가 삼는 소신 같은 짚신이 둑둑이 걸리어도 있었다
옛말이 사는 컴컴한 고방의 쌀독 뒤에서 나는 저녁 끼 때에 부르는 소리를 듣고도 못들은 척하였다

정겹고 구수한, 분명 우리말로 된 시인데도 이해가 쉽지 않다. 그럴 수밖에 없는 것이 1930년대 평안도에서 쓰던 생활언어들이 빼곡하기 때문이다. 우리말인데도 해설이나 번역이 필요하다. 이런저런 자료를 찾아 몇몇 단어를 살펴보니 다음과 같다.

'고방'은 '광'이라고도 하는 창고방이다.
'질동이'는 질흙으로 빚은 동이로써, 그릇보다는 키가 크고

바닥도 널찍한 용기이다.

'집난이'는 집을 나간 사람을 말하는데, 대개는 시집을 간 딸을 가리킨다.

'송구떡'은 소나무의 속껍질을 멥쌀가루에 섞어 반죽하여 만든 떡이다. 대개는 송기떡이라 불렀다.

'임내'는 입으로 내는 흉내를 말하는데, '커억, 좋다' 따위의 말과 소리일 것이다.

'채어먹는다'는 것은 가로채서 먹는 것을 말한다. 삼촌이 먹기 전에 먼저 먹어버리는 것이다.

'밝다'는 아마도 '볶다'라는 뜻을 가진 평안도 말이지 싶다.

'나무말쿠지'는 나무로 만든 못으로 벽에 박혀있는데, 대개는 옷걸이 용도로 쓴다.

'둑둑이'의 '둑이'는 10을 의미하므로 둑둑이는 '많이'라는 뜻이다. 나무말쿠지에 둑둑이 걸려 있는 짚신이 소가 신는 '소신'처럼 컸으니 그 모습이 눈에 선하다.

'옛말'은 아이들이 함부로 광에 들어오지 못하게 하려고 아이들에게 겁을 주느라 했던 말로, 아마도 할아버지는 아이들에게 광에는 무서운 말이 산다고 했을 것이다.

설교 시간에 '집난이는 돌아갈 줄 모르고'라는 말을 들었을 때만 해도 시집간 지 얼마 안 되는 딸을 생각했었다. 그런 딸이 친정을 찾았으니 아무리 시댁에 남편이 있고 자식이 있어도 선뜻 돌아가고 싶었겠는가?
시 원문을 보니 '갈 줄 모르는 늙은 집난이같이'였다. 집안 제사에 참석하여 제삿밥 한 두 끼 먹었으면 가야 하는데, 무슨 심산인지 눌러앉아 있는 '늙은 고모'를 송구떡에 비유한 것이다. 뜻이야 크게 다를 것이 없겠지만, '늙은 집난이'라는 말 앞에 덜컥 마음이 멈춰 섰다. 갈 줄 모르는 것은 젊은 집난이뿐만이 아니었던 것이다. 늙은 집난이도 다를 것이 아무 것도 없는 것이었다.

'집난이는 돌아갈 줄 모르고'라는 말을 처음 들었을 때는 친정집이 예배당처럼 다가왔는데, '갈 줄 모르는 늙은 집난이같이'를 대하고 나니 '고방'이 문득 세상 우리네 모습처럼 여겨진다. 문득 우리의 삶이 낡은 질동이에 남은 송구떡 같다.

10
웃음을 주소서

사랑하는 사람과 마주 보고 웃는 웃음보다 더 행복한 모습
은 흔하지 않다.

아기를 바라보는 엄마의 웃음,
서로의 눈 속으로 까마득히 파묻히는 연인들의 웃음,
뒤따라오는 할머니를 지긋이 바라보는 할아버지의 웃음,
사랑하는 사람을 바라보는 웃음 속엔 근심과 걱정이 없다.
어둠이 끼어들 틈이 없다.

주님,
우리는 웃음을 잃어버린 땅에 살고 있습니다.

아기의 기저귀가 사라진지 오래며,
동네 처녀총각의 사랑과 설렘이 사라진지 오래며,
노인들의 여유가 사라진지 오래입니다.

주님,

우리에게 웃음을 회복시키소서.

웃음 없는 주님의 나라는 감히 생각할 수 없으니

주님, 부디 이 땅에 웃음을 회복시키소서.

11
이슬

때가 되면 모두가 사라집니다
그래서 아름다운 세상입니다

12
어떤 기도

성격이 급해 실수하는 일이 잦은 어떤 이가 기도를 했단다.
이렇게 말이다.

"하나님, 제 조급증을 고쳐 주세요. 지금 당장이요!"

13
개 같은 세상

심방 중에 들은 이야기이다. 예배를 드리고 식사를 하는 자리에서 반려동물 이야기가 나왔다. 반려동물에 대한 관심이 어느 샌지 지나칠 정도가 되었다는 이야기가 주류를 이뤘다. 압권은 직장 상사를 성토하는 이야기였다. 직장 상사를 성토하는 자리에서 단연 1등을 한 내용이 있단다.

"직장 상사 애완견 장례식장에 다녀온 적 있어? 가보니까 영정 사진에 강아지 사진이 떡하니 올라가 있는데, 울 수도 없고 웃을 수도 없어 난감하더라."

그렇게 시작하는 내용이었다는데, 그 말 앞에 어느 누구도 다른 말을 할 수가 없었다는 것이다.

동석한 교우 중에는 공무원인 교우가 있었다. 그가 뜻밖의 규정을 들려주었다. 애완동물이 죽으면 처리하는 규정이 있다는 것이었다. 동물이 죽었으니 죽은 동물을 처리하는 규정이 있어야겠지, 마음으로는 동의를 하면서도 규정이 있다는 말은 낯설게 들렸다.

반려동물 화장장이 생기기 전까지만 해도 그 방식이 유일한 것이었는데, 지금은 화장과 함께 두 가지가 모두 인정된다고 했다. 화장 외의 또 한 가지 방법은 전혀 뜻밖이었다.

"종량제 쓰레기봉투에 담아서 버리는 거예요."

반려동물이 죽으면 사체를 종량제 쓰레기봉투에 담아 버리면 된다는 것이었다. 아니, 그렇게 하는 것이 규정이라는 것이다. 그렇게 하면 다른 쓰레기와 함께 소각을 하게 된다는 것이었다.

교우가 들려주는 이야기가 씁쓸하기도 했던 것은 개들마저도 삶과 죽음이 하늘과 땅 차이가 나는구나 하는 생각 때문이었다. 어떤 개는 사람 이상의 호사를 누리며 살다가 죽어도 호화 장례를 치르는가 하면, 어떤 개는 그야말로 개처럼 살다가 개처럼 죽어 쓰레기 봉투에 담겨 버려지니 말이다. 쓰레기봉투에 담겨 생을 마감하는 개가 그러는 것 아닌가 모르겠다. 개 같은 세상이라고!

14
라면과 사랑

선배 목사님이 시무하는 교회를 방문하여 대화를 마치고 막 헤어지려 할 때, 선배는 우리를 예배당으로 안내했다. 추수감사절을 지낸 제단을 보여주고 싶다고 했다. 컴컴하던 예배당에 불을 켜자 제단에 쌓여 있는 라면이 눈에 들어왔다. 제단으로 오르는 계단을 따라 상표와 크기가 다른 라면 박스들이 나란히 쌓여 있었는데, 그 양이 상당했다. 유심히 보니 회사는 달랐지만 모두가 컵라면이었다.

추수감사주일이 되면 대부분의 교회가 과일을 드리는 것에 비해 선배가 목회하는 교회에서는 몇 년 전부터 라면을 드리고 있다. 노숙자 사역을 하는 목사님에게 라면을 전달하고 있는 것인데, 처음에는 낯설어 하던 교우들도 이제는 뿌듯한 마음으로 참여를 한다고 했다. 마침 감사절인 전날 비가 와서 라면을 바로 트럭에 싣지 못하고 일정을 하루 연기한 것이었고, 덕분에 우리는 라면이 제단에 쌓여 있는 드문 모습을 볼 수가 있었던 것이었다.

선배가 들려준 라면 이야기 중 감동적인 이야기가 있었다. 노숙자들에게 라면 한 박스씩을 나누어 주면 라면을 받은 그들이 찾아가는 곳이 있다고 한다. 독거노인들이다. 쪽방 촌 좁다란 방에 누워 있는 독거노인들을 찾아가서는 자신이 받은 라면을 전한다는 것이다. 그냥 전하지 않는단다. 방에만 틀어박혀 있지 말고 밖으로 나와 햇볕도 쬐고 운동도 하고 그러라고, 학교 선생님이 학생에게 훈시를 하듯 씩씩한 목소리로 마음을 전한다는 것이었다. 나도 누군가에게 무엇인가를 나누어 줄 수 있다는 기쁨을 그렇게 누린다는 것이었다.

그런 마음을 담아내는 감사절이라면, 그런 마음을 나누는 추수감사절이라면 얼마든지 이웃에게 따뜻한 온기 나눌 수 있겠다 싶었다. 라면이 일으키는 사랑의 파장이 아름다웠다.

15
하나

온 산 잿더미로 만드는 건 작은 불씨 하나
온 맘 숯검정으로 만드는 건 한 마디 말

16
삶

꽃 진 자리에 잎 나기도 하고
잎 진 자리에 꽃 나기도 하고

17
밟고 싶어요

책장을 정리하다가 종이 한 묶음을 발견했다. 악보였다. 지난 여름 힐링 콘서트에 노래 손님으로 다녀간 성요한 신부님이 전해준 악보였다.

'두 개의 강', '그럴 수 있다면', '나처럼 사는 건', '만 냥보다 더 귀하신 어머니', '참새 다녀간 자리', '울지 못하는 종', '환대' 등 그동안 내가 썼던 짧막한 글에 곡을 붙인 노래들이었다. 글이 곡이 된다는 것은 새로운 경험이다.

악보 중에는 '밟고 싶어요'가 있었다. '밟고 싶어요'는 내가 쓴 글이 아니었다. 심방 중에 만난 정릉 어느 골목길 전봇대에 붙어 있던 방, '개 주인은/ 개 때문에/ 개 망신 당하지 말고/ 개 똥 치우시오'라는 글을 읽고 그 내용이 재미있어 글을 쓴 적이 있는데, 그 글을 읽고서 예전에 만든 노래가 떠올랐다며 성 신부님이 부른 노래였다. 힐링 콘서트에서 부른 많은 노래 중에서도 교우들이 가장 재미있게 들은 노래였다.

'밟고 싶어요'의 가사는 짧다. 짤막한 노래지만 노래를 듣다 보면 의아한 생각이 든다. 쓰레기와 쓰레기봉투를 놓고 간 이는 분명 양심불량자, 그런데 그를 '놈'이 아니라 '분'이라 부르는 것도 그렇고, 한 걸음 더 나아가 '첫눈 같은 분'이라고 부르는 것도 그렇다. 이게 뭐지 하는 순간 한 마디가 보태지는데, 바로 그 마지막 대목에서 폭소가 터진다. 노래를 듣는 이를 갸우뚱하게 만들고는 한 방을 제대로 먹인다. 곡이 단순하니 한 번 배워 부르시며 한 방을 먹이시든지, 한 방을 당해 보시든지!

"이곳에 쓰레기와 쓰레기봉투

버리고 가시는 분은

첫눈 같은 분이십니다.

밟고 싶어요."

18
가장 큰 유혹

나는 그분을 선생님이라 부른다. 교수님, 스승님, 은사님, 박사님, 그분을 부르는 호칭은 많고, 그 어떤 호칭도 어색할 것이 없고, 그 모든 것을 합해도 부족할 것이 없는 분을 나는 그냥 선생님이라 부른다. 배움이 깊지 못한 내가 그분을 스승님이나 은사님이라 부르는 것이 행여 누를 끼치는 일일까 싶어, 이만큼 떨어져 조심스럽게 선생님이라 부른다. 그러면서도 학생으로서 최소한의 도리를 못하는 것도 마음에 걸린다.

그럴수록 선생님이라는 호칭에 존경과 감사의 의미를 담는다. 냉천동에서 나는 그분께 구약을 배웠는데, 학문이 아니라 성경을 대하는 진중한 태도를 배웠다. 모든 호칭을 배제한 한 사람 민영진, 그 하나만으로도 그 분은 내게 좋은 선생님이 되신다.

성서주일을 앞두고 말씀을 준비하던 중에 선생님이 떠올랐다. 몇 해 전 감신대 78학번 동기들이 선생님 내외분을 모시고 남녘으로 여행을 다녀온 일이 있다. 그날 밤 우리는 둘러앉아 선생님 내외분과 밤이 깊도록 이야기를 나눴다. 궁금한 것을 여쭈면 대답을 해주시는 방식이었다. 사회를 본 나는 마지막으로 질문을 드렸는데, 친구들이 묻지 않은 것을 물어야 했다. 신학대학 교수, 성서공회 총무, 성서번역자, 목사 등 한평생을 말씀의 사람으로 살아오며 가장 이기기 힘든 유혹이나 일이 있었다면 무엇인지를 여쭸다.

선생님의 대답이 궁금했는데, 참으로 뜻밖의 대답을 하셨다. 내가 전하는 것이 하나님의 말씀인 지, 사람들이 원하는 말을 전하고 있는 것은 아닌 지, 그런 생각이 가장 힘들었다는 대답이었다. 지금까지도 가장 큰 유혹이라고 했다. 이야기를 들으며 쇠망치로 한 대 얻어맞는 느낌이었는데, 선생님은 그 대답이 불충분하다 여기셨는지 한 마디를 덧붙이셨다.

"말씀을 전하러 갔다가 쫓겨난 적이 제 기억에는 겨우 세

번밖에는 없어요."

마음이 아뜩해졌고, 멍해졌다. 말씀을 전하러 갔다가 쫓겨
난 일은 내게는 한 번도 없는 일이었다. 그 일을 당연하게
여긴다면 그것이 무엇인지를 선생님의 대답은 돌아보게 했
다. 둘러앉은 동기들에게 말씀을 전하러 갔다가 쫓겨난 경
험이 있는지를 물었지만, 아무도 손을 드는 이는 없었다.

선생님은 끝까지 선생님이셨다. 유난을 떠는 것만 아니라
면 그런 대답을 들려주신 선생님께 넙죽 절이라도 올리고
싶은 심정이었다. 말씀의 사람이 된다는 것이 무엇인지를
신학교에 입학했을 때부터 지금까지, 선생님은 변함없이
가르쳐 주고 계시다.

19

꽃으로 피어나기를

지인들과 함께 제주도를 방문하였을 때의 일이다. 곶자왈을 들러 나오는 길에 작은 식물원을 방문했는데, 초입에 놓여 있는 한 장식물에 눈이 갔다. 널찍한 바위 위에 세 켤레의 신발이 놓여 있었다. 마치 신발장에 놓여 있던 신발이 나란히 소풍을 나온 것 같았다.

영락없이 가족의 신발이었다. 가운데에 놓인 구두는 아빠의 신발, 그 옆에 놓인 것은 엄마의 신발, 아빠 구두에 기대 있는 작은 분홍색 운동화는 필시 어린 딸의 신발이었다. 식구들을 위해 일하는 아빠는 늘 구두끈을 질끈 동여맸을 것이다. 살림살이에 분주한 엄마는 늘 신발 끈을 묶을 필요가 없었을 것이다. 호기심이 가득한 아기는 늘 종종걸음, 찍찍이가 제격이었을 것이다. 신발에는 식구들이 보내는 시간까지 담겨 있지 싶어 웃음이 났다.

웃음을 더 크게 만들었던 것은 다육이 때문이었다. 신발 안에 흙을 채워 넣고 그곳에 다육이를 심은 것이었다. 다육이는 아빠 엄마 아기의 신발 속에서 자라고 있었다. 다육이도 한 식구인 것처럼 정겹게 여겨졌다.

신발의 주인공인 가족을 응원하고 싶었다. 식구들이 살아낸 하루의 수고와 그러느라 흘린 땀이 꽃으로 피어나기를, 그들이 살아가는 가정에도 행복이라는 꽃이 피어나기를!

20
수처작주隨處作主

벌써 여러 해가 되었다. 한해가 기울어갈 때쯤이면 이어지는 일이 있다. 선생님 한 분이 카드를 보내주신다. 선생님은 내가 아는 몇 안 되는 선생님이시다. 선생님이라는 말 앞에 '선생님다운'이라 쓰려다가 그만둔다. 선생님과 선생님들을 함부로 판단하는 것 같은 민망함 때문이기도 하고, 그런 말이 오히려 선생님을 거추장스럽게 만든다 싶기 때문이기도 하다. 늘 자연스럽고 소탈하신 선생님은 필시 그런 수식어를 어색하게 여기실 것이다.

강원도에서 태어나 공부할 때를 제외하고는 강원도를 떠나지 않은, 평생을 강원도의 아이들을 가르친 선생님은 누구보다도 강원도를 사랑하신다. 국어선생님으로 우리말과 우리의 얼, 우리의 문화를 평생 가르쳤고 몸소 지키셨다. 교장선생님으로 은퇴하신 뒤에는 고향으로 돌아가 고향을 지키신다. '지킨다'하면 역시 손사래를 치실 것이다. 그냥 살고 있다고, 오히려 마을 사람들 덕을 보고 있다며 말을 바로잡으실 것 같기 때문이다.

올해에도 선생님은 당신이 찍은 사진으로 카드를 만드셨
다. 저 아래로 강이 흐르고, 강 언덕에는 느티나무가 서 있
고, 그 앞으로는 억새가 피어난 사진이다. 사람 눈에 가장
가깝다는 이유로 50밀리미터 렌즈를 고집하는 선생님의 사
진에선 꾸밈과 가감이 없는 진솔함이 뭉뚝 전해진다. 사진
을 보고 있노라면 나도 그 자리에 서 있는 것 같다. 사진 한
장이 이리 마음을 넉넉하게 하는 것도 드문 일이지 싶다.

사진 옆에는 예의 한 눈에도 알아볼 수 있는, 만년필로 쓴
선생님의 인사말이 적혀 있었다. 길지 않은 글을 아껴 읽다
가 울컥했다.

'바람과 구름의 길, 부론입니다.

목사님께서 빚어 놓으신,

그래서 더 아름다운!'

단강을 사랑한 사람은 적지 않다. 그 중에서 빠뜨릴 수 없는 분이 선생님이시다. 선생님은 글과 방송으로도 큰 족적을 남겼는데, 단강마을의 김천복 할머니, 박민하 할아버지외 몇몇 분들도 여러 차례 만나셨다. 만나실 때마다 선생님이 보인 태도는 목회를 하는 내게도 큰 가르침이 되었다. 어투에서 몸가짐까지 친근하되 무례하지 않는, 언제라도 존중하는 마음을 담아내는 따뜻하고 진중한 태도가 선생님은 몸에 배어 있었다.

카드를 대하는 순간 문득 마음에 떠오른 말이 있었다. '수처작주 입처개진隨處作主 立處皆眞'이라는 말이었다. 중국 당대의 임제臨濟 선사가 남긴 말로, "머무르는 곳마다 주인이 되어라. 지금 있는 자리가 진리의 자리이다"라는 뜻일 것이다. 선생님은 지난 시간을 슬며시 환기하심으로, 지금 서 있는 자리를 돌아보게 하신다 싶었다. 지금 서 있는 자리에서 주인 되라고, 지금 있는 자리를 진리의 터로 만들라고!

21
인우재의 아침

목소리가 좋은 네가 노래를 해
반주는 내가 할게
이른 아침 산비둘기
구구구구 구구구
목청을 가다듬은 꾀꼬리
꾀꼬르 꼬르
노래를 하는데
눈치 없는 산 꿩이
꿩 꿩 꿩

22

불씨

오래가는 따뜻한 기억은

가슴속 불씨와 같아서

23
소로우의 일기

《소로우의 일기》에서 밑줄 친 부분을 다시 읽어본다.

-가장 엄중한 법률은 불문율이다.

-인간은 아주 얇은 줄로도 믿음의 활을 쏠 수 있다.

-재능이란 깊은 인격의 한 부분에 불과하다.

-사람은 누구나 선두에 서서 길을 간다.

-진리에 흠뻑 젖어보지 못한 자는 진리를 전할 방도가 없다.

-사람들은 지진이 났을 때보다 독창적인 사고를 접할 때 더욱더 당황한다.

-젊은이에겐 열정인 것이 성숙한 이에게는 기질이 된다.

-진정한 여가를 즐기는 이는 영혼의 밭을 갈 시간을 갖는다.

-사랑의 병을 고치려 한다면 더욱 사랑하는 방법 외에는 달리 좋은 치유책이 없다.

-혼자가 되기 위해서는 현재의 나로부터 벗어날 필요가 있다.

-인간의 영혼은 신의 성가대에 놓인 침묵하는 하프라고 할 수 있다. 현에 하느님의 숨결이 닿아야 창조에 어울리는 음이 나온다.

-갈라진 틈이나 옹이구멍을 통해 보더라도 세계의 아름다움에는 변함이 없다.

-나의 내면에 어떤 창도 뚫을 수 없는 방패를 세운다.

-하느님은 위대하시면서도 조용하시다. 하느님도 그러시거늘 하물며 피조물이 흥분한다는 것은 얼마나 쓸데없는 일인가!

-사람들이 사소한 일에 말려들어 얻는 결과는 치명적인 조악함이다.

-꽃이 매력적인 가장 큰 이유는 그 아름다운 침묵에 있다.

-어떤 친구를 바르게 볼 수 있다면 모든 언어에 능통할 수

있을 것이다.

어디선가 울리는 낮은 음의 저녁 종소리, 침묵과 고독 속으로 깊은 두레박을 내려 길어 올린 맑고 시린 물, 도끼를 갈아 바늘을 만들 듯 군더더기 생각을 모두 버린, 자연 속에서 자연의 하나로 살아가는 사람에게만 주어지는 새벽별빛 같은 통찰력, 소로우는 소음 속에서 살아가는 오늘 우리가 무엇에 지쳐 있는 지를 가만 돌아보게 한다.

24
일기日記

《소로우의 일기》에서 소로우는 일기에 대해 이렇게 썼다.

-나의 일기는 추수가 끝난 들판의 이삭줍기다. 일기를 쓰지 않았더라면 들에 남아서 썩고 말았을 것이다(1841.2.8.).

-나의 일기가 나의 사랑의 기록이 되었으면 좋겠다. 내가 사랑하는 것들, 나의 열정을 불러일으키는 세계, 내가 생각하고 싶은 것들에 대해서만 일기에 적고 싶다(1850.11.16.).

-내 생각을 담기에 일기 만큼 좋은 그릇은 없는 것 같다. 수정은 동굴 속에서 가장 밝게 빛난다(1852.1.28.).

어림짐작으로도 170여 년 전에 쓴 일기다. 그가 일기를 쓸 때 사용한 종이는 누렇게 색이 바랬고 잉크는 흐려졌을지 몰라도, 그가 쓴 일기는 남아 있다. 마치 동굴 속에서 빛나는 수정처럼 말이다.

오래 가는 생각이 있다.

오래 남는 글이 있다.

25
목사님들은 뭐하고 있었어요?

지난여름 끝자락에 있었던 일이니, 벌써 제법 시간이 지난 일이다. 꽃무릇이 지기 전에 사진을 찍자며 지인이 안내한 곳이 길상사였다. 언젠가는 찾아가야지 마음에만 두었던 길상사를 그렇게 찾게 되었다.

길상사의 꽃무릇은 벌써 시들어 있었다. 사진으로 찍을 만한 상태가 아니었다. 꽃무릇 대신 잠시 길상사를 둘러보는 시간을 가졌다. 서울 한복판 북한산 자락에 그처럼 호젓하고 넉넉한 공간이 있다니, 감탄이 절로 나왔다. 생각했던 것보다도 훨씬 넓고 그윽했고 아름다웠다.

동행한 또 다른 지인에게 아는 척을 했다. 김영한과 백석에 얽힌 이야기, 김영한과 법정 사이에 있었던 이야기, 특히 김영한이 법정 스님에게 요정 대원각을 시주할 때의 이야기를 했다. 김영한은 거듭 간청함으로 대원각을 시주할 수가 있었는데, 당시 대원각의 가치는 1000억 원이 넘었다고 한다. 그 엄청난 것을 시주하는 것이 아깝지 않느냐고 기자가 물었을 때, 김영한은 이렇게 대답을 했다고 한다.

"내 모든 재산이 백석의 시 한 줄만 못해."

세월에 지워지지 않는, 그 어떤 것과도 비교할 수 없는, 진정한 사랑이란 그런 것인 지도 모른다. 표정으로 보니 이야기를 듣는 지인은 이미 그 이야기를 알고 있지 싶었다. 담담하게 이야기를 듣더니 툭 한 마디를 했는데, 그 말이 아팠다.

"목사님들은 뭐하고 있었어요?"

26
석고대죄와 후안무치

"죄 없는 자가 먼저 돌로 치라"는 말을 들을 때가 있다. 그런데 그 말은 너무도 자주 잘못 사용된다. 본래의 뜻에서 벗어나 엉뚱한 의미로 사용이 되곤 한다.

잘못을 한 당사자가 당당하게 그 말을 인용하면서 "나를 돌로 칠 자격이 있는 놈이 있다면 어디 한 번 나를 쳐 봐라." 하는 식으로 말을 한다. 잘못을 그렇게 가리는 것도 그러하거니와, 그러기 위하여 성경의 뜻을 왜곡하여 인용을 하니 뻔뻔하기가 이를 데 없다.

"죄 없는 자가 먼저 돌로 치라"는 말은 간음하다 붙잡혀 온 여인이 한 말이 아니었다. 여인을 향하여 금방이라도 돌을 던지려는 이들을 향하여 예수가 한 말이다.

여인은 한 마디 말이 없다. 예수의 말을 듣고 어른들로부터 시작해서 젊은이에게 이르기까지 모든 이들이 물러가도록 쇠가 자석에게 붙들리듯 부끄러운 그 자리에 남아 있었다. 슬그머니 물러가는 군중들 틈에 끼어 내빼지 않았다.

그런 여인의 모습이야말로 '석고대죄席藁待罪'의 모습이다. 자리 석席, 볏짚 고藁, 기다릴 대待, 허물 죄罪, 죄를 지은 죄인이 죄를 자책自責하여 거적을 깔고 엎디어 처벌을 기다린다는 뜻이다. 대개의 경우 석고대죄를 할 때는 관과 의복을 벗은 소복 차림으로 거적때기를 깐 바닥에 꿇어앉았다.

잘못을 해 놓고 똥 싼 놈이 성내듯이 어디 죄 없는 놈이 나를 돌로 치라 큰소리를 치는 것은 석고대죄하고는 아무런 상관이 없는, 후안무치厚顏無恥일 뿐이다.

27
빈 둥지를 지키는 어미새처럼

날기를 다 배운 것도 아니고
먹이를 스스로 구해 본 적도 없고
바람을 어떻게 타야 하는지
비가 올 때 어디로 피해야 하는지
다가올 겨울을 어떻게 준비해야 하는지
위험이 어디에 숨어 있는지
둥지는 어느 곳에 어떻게 지어야 하는지
별과 강을 따라 방향을 어떻게 정해야 하는지
혼자만의 시간을 어떻게 견뎌야 하는지
노을을 어떻게 사랑해야 하는지
날아야 하는 이유가 무엇인지
아직 다 익힌 것 아니면서도.

새끼들 등 떠밀어 다 떠나보낸 후
빈 둥지를 지키는 어미새를 생각한다.

교우들은 세상 속을 어떻게 날까
폭풍우의 시간을 어떻게 견딜까
어둠 속에서 길 잃지 않을까
위기의 순간을 어떻게 이겨낼까
자기만의 길을 여전히 갈까

먹구름 걷히고 눈부신 하늘 펼쳐지듯
다시 한 번 주어질 은총의 시간
함께 모여 푸른 하늘 맘껏 날아오를 때,
어렴풋 알아볼 수 있을까?
더욱 의젓해진 서로의 날갯짓을.

28
사람이 되세요

그때는 몰랐다. 전혀 짐작하지 못했다. 그분의 말이 이만큼 세월이 지나도록 남아 있으리라고는.

1978년 찬냇골이라 불리는 냉천동 감신대에 입학했을 때, 우리에게 윤리학을 가르쳤던 분이 윤성범 교수님이었다. 당시 학장직도 함께 맡고 계셨다. 가냘픈 몸매며 나직한 목소리며, 천생 선비를 연상케 하는 외모를 지니신 분이었다. 강의의 내용도 마찬가지여서 유교儒教를 기독교와 접목시키는 일에 천착해 계셨다.

시험을 볼 때면 칠판에 문제 서너 개를 적은 뒤 시험지를 나눠주고 당신은 슬그머니 교실을 빠져나가곤 하셨다. 뒷면까지 쓰면 안 볼 테니 앞장에만 쓰라는 한마디를 남기시고선. 그런 일 자체가 우리에겐 대단한 윤리 공부였다.

그분이 몇 번인가 강의실에서 말씀하신 것이 있다.

-우리가 하나님께 십일조를 바치듯이, 교회도 사회를 위해 십일조를 바쳐야 해요.

-경험에 비춰 보면 150명 정도가 교회로선 제일 적절한 규모 같아요. 그러니 큰 교회 이루려 하지 말고, 좋은 교회를 이루세요.

분명 나직한 목소리였다. 그리고 윤리학 교수님다운 이야기였다. 뜨거운 사명감과 목회의 꿈을 가진 신학생들에겐 얼마든지 시시하게 들릴 수 있는 말이기도 했다. 그런데 그때 들었던 말이 지금껏 마음에 남아 있다. 금방 지워질 것 같았던 말들이 말이다.

그렇게 남은 말 중엔 다음과 같은 말도 있다.

-좋은 목사가 되기 전에 먼저 좋은 신자가 되세요. 좋은 신자가 되기 전에 먼저 좋은 사람이 되세요.

왜 그럴까, 갈수록 그 말이 마음에 떠오르는 것은.

29
바람

내가 머문 자리가
나를 닮았기를

30
가장 위험한 장소

아이들의 사망 원인 1위는 '금 밟고 죽는 것'이고, 어른들의 사망 원인 1위는 '광 팔다가 죽는 것'이라는 우스갯소리가 있다.

웃고 말 일을 설명하는 것은 멋쩍은 일이다. 광 팔다 죽는 것이야 금방 짐작이 되지만, '금 밟고 죽은 것'이 뭘까 갸우뚱할지 모르겠다. 이 또한 짐작한 이들이 많겠지만, 땅에 금을 긋고 놀이를 하다가 밟는 금을 말한다.

이런 이야기를 알고 있다는 듯 마크 트웨인은 이렇게 말했다.

"침대는 세상에서 가장 위험한 장소이다. 80% 이상의 사람들이 거기서 사망하니까."

이만한 역설과 통찰이라면 삶이 가볍고 단순하겠다 싶다.

31
역지사지

'입장을 바꿔 놓고 생각한다'는 '역지사지易地思之'를 영어로 옮기면 'understand'가 적합할 지도 모르겠다. '이해'를 뜻하는 'understand'가 'under'라는 말과 'stand'라는 말이 합해진 것이라 하니 말이다.

"그 사람의 신발을 신고 1마일을 걸어 보기 전까지는 그를 판단하지 말라"는 북미 원주민들의 속담도 마찬가지다. 남을 함부로 판단하는 것을 경계한다.

어떤 사람이 말을 타고 지나가던 중 한 마을에서 묵게 되었는데, 아침에 일어나 보니 가죽신 한 짝이 없더란다. 할 수 없이 낡은 고무신 한 짝을 얻어 신고 길을 나서게 되었는데, 그가 말을 타고 지나가는 동네마다 말다툼이 일어났다는 것이다.

낡은 고무신을 신고 말을 탄 사람을 본 사람들에게는 그 모습이 얼마나 낯설고 우스꽝스러웠을까. 하지만 반대편에서 본 사람은 그 말을 인정하지 못한다. 분명히 가죽신 신은 것을 보았기 때문이다.

우리는 언제라도 한쪽 면만을 본다. 그것이 우리가 갖는 어쩔 수 없는 한계다. 내가 본 것이 아무리 확실하다 하여도 내가 본 것이 한쪽 면뿐임을 인정할 수 있어야 한다. 바로 그것이 역지사지의 의미일 것이다.

4월

1
어느 날의 기도

당신을 따르는 우리의 마음속에
당신의 발자국이 남게 하소서

2
사랑을 한다면

화장실 변기 옆에는 시집 몇 권이 있다. 변기에 오래 앉아 있는 것은 좋은 습관이 아니라는데, 잠깐 사이 읽는 한두 편의 시가, 서너 줄의 문장이 마음에 닿을 때가 있다. 시詩 또한 마음의 배설排泄이라면, 두 배설이 그럴 듯이 어울리는 것이다.

그렇게 놓여 있는 시집 중의 하나가 《당신은 북천에서 온 사람》이다. 이대흠 시인의 시집인데, 구수한 사투리며 농익은 생각이며 시를 읽는 재미가 쏠쏠하다. 그 중의 하나가 '성스러운 밤'이었다.

삼십 년 넘게 객지를 떠돌아다니다 갯일에 노가다에 쉰 넘어 제주도에 집 한 칸 장만한 홀아비 만수 형님이 칠순의 부모를 모셨는데, 기분이 좋아 술 잔뜩 마시고 새벽녘에 들어오던 날, 중늙은이 된 아들놈 잠자리까지 챙겨놔서 젖먹이 때인 듯 살포시 잠이 들었던 아들은 잠결에 무슨 소리인가를 듣게 된다.

"꿈결인 듯 아닌 듯 파도 소리가 막 들려오더래요 처음엔 파도가 파도를 베끼는 소린 줄 알았다가 바람이 파도를 일으키는 소린 줄 알았는데 알고 보니 몸이 몸을 읽어가는 소리였는데요 칠십 줄 넘은 노인들이 한 오십년 읽어왔던 서로의 몸을 다시 읽는 소리였는데요 처음에는 얼굴이 붉어졌는데 가만 생각하니 너무 성스러워 고맙고 고맙더래요 애 낳기에는 늦어버린 허공이 된 몸들이 애를 쓰고 있었는데 그 소리에 더 묻히다 보니 거기서 나오는 바람 소리와 파도 소리가 혼자 노는 게 아니더래요 그래요 그것은 우주가 알 스는 소리였는데요 우주의 숨을 낳고 기르다가 다시 우주로 돌려주는 것이었는데요"

파도 소리 같기도 하고, 바람 소리 같기도 하고, 스님의 새벽 독경 소리처럼 끊어질 듯 끊어지지 않는 소리, 그 소리를 듣는 아들, 맞다, 그 소리는 우주에 알이 스는 거룩한 소리었다.

사랑을 한다면 세월이 무슨 상관일까? 허공이 된 비쩍 마른 몸이 무슨 상관일까? 몸이 몸을 읽는 데는, 여전히 우주에 알이 스는 데는.

3
증오라는 힘

때로는 증오도 힘이 된다.

좌절이나 체념보다는 훨씬 큰, 살아갈 힘이 된다.

하지만 증오는 길을 잃게 한다.

길을 잃었다는 것을 알기까지는 먼 길을 가야 한다.

대개는 길을 잃었다는 것도 모른 채, 그 감정에 갇혀 평생
의 시간을 보내지만.

4
꽃들은

꽃은 하나님의 웃음 인지도 몰라.
슬쩍 대지에 남긴 하나님의 지문 인지도 모르고.
결코 까탈스럽고 엄숙한 할아버지가 아님을 일러주는
하나님의 손사래 인지도 모르고.
천지창조 후 그래도 뭔가 아쉬워서 한 번 더 어루만진
하나님의 손길 인지도 모르지.

예배당 앞 공터에 꽃을 심기 위해 찾은 양주화훼단지,
이름도 모를 만큼 꽃들은 얼마나 많던 지,
눈이 부실 만큼 빛깔은 얼마나 예쁘던 지,
서로서로 모양은 얼마나 다르던 지,
꽃은,
꽃들은!

5
사랑 안에 있으면

《바이올린과 순례자》라는 책을 읽기 시작했다. '가문비나무의 노래 두 번째 이야기'라는 부제가 달린 책이다. 마틴 슐레스케Martin Schleske가 나무와 속 깊은 대화를 나누며 바이올린을 만들다가 자신이 일하는 모습을 눈여겨보고 있는 누군가에게 잠깐 일손을 멈추고 이야기를 들려주는 것 같다. 일하는 것도, 말하는 것도, 글을 쓰는 것도 무엇 하나 서두르지 않는 그의 속도 때문일까, 책도 천천히 읽게 된다.
마음에 닿는 문장마다 밑줄을 긋는데, 하나의 줄을 더 긋고 싶은 문장이 있었다. 저자가 나무와 연장과 악기와 노동 등 일상의 모든 것들과 내밀한 이야기를 나눌 수 있는 이유를 짐작할 수 있는 문장이었다.

"사랑 안에 있으면 모든 것이 말을 걸어온다."

6

별 하나

인우재에서 하룻밤을 보낸다. 오랜만의 일이다. 아궁이에 불을 때고, 곳곳에 풀을 베고, 베어 놓은 나무를 정리하다 보니 금방 하루해가 기울었다.

대강 때우려던 저녁이었는데, 병철 씨가 저녁 먹으러 오라고 전화를 했다. 마침 내리는 비, 우산을 쓰고 아랫작실로 내려갔다. 마을길을 걷는 것도 오랜만이다. 산에서 따온 두릅과 취나물, 상은 이미 그것만으로도 성찬이었다.

비도 오는 데 어찌 걸어서 가느냐며 트럭을 몰고 나선 병철 씨 차를 타고 다시 인우재로 올랐다. 비는 여전히 내리고, 빗물 떨어지는 마루에 앉아 바라보니 앞산에 비구름이 가득하다. 누구의 집일까, 불빛 하나가 붉은 점처럼 빛났다. 사방 가득한 어둠 속 유일한 불빛이었다.

비오는 마루에 걸터앉아 그 불빛 바라보고 있자니, 우주 속 지구도 마찬가지 아닐까 싶었다. 우주에서 보자면 지구는 사방 어둠 속 붉게 빛나는 저 작은 점 하나와 다를 것이 없을 것이었다.

크게 아웅다웅할 일도, 크게 두려워하거나 염려할 일도 없
는 것이었다. 굴뚝에서 내려와 낮게 퍼지는 연기처럼, 나직
한 목소리 잠잠한 걸음으로 살아갈 일이었다.

7
다

다 알려고 하지 않는다.

모르는 것을 인정하며 남겨 두기로 한다.

모르는 것이 있다는 것은 얼마나 마음 편안한 일인가.

다 가지려 하지 않는다.

갖지 못할 것을 인정하며 비워 두기로 한다.

가질 수 없는 것이 있다는 것은 얼마나 마음 넉넉한 일인가.

다 말하려 하지 않는다.

말로 못할 세계가 있음을 인정하며 침묵하기로 한다.

말로 할 수 없는 것이 있다는 것은 얼마나 마음 푸근한 일인가.

다 가 보려 하지 않는다.

가 닿을 수 없는 미답의 세상이 있음을 받아들이기로 한다.

발길 닿지 않는 곳이 있다는 것은 얼마나 마음 아늑한 일인가.

8
봄

감탄할 새도 없이
목련이 터지고
안쓰러울 틈도 없이
목련이 지고

우리 생 무엇 다를까
괜스레
꽃잎 밟는 발끝
아리고

9
봄

숙제를 하다말고
책상에 엎드려 잠든 아이의 손에
파란 물이 들었습니다.
그리다 만 그림일기 속 푸른 잎 돋아나는 나무가
씩씩하게 서 있습니다.

나무도 푸르고
나무를 그리는 아이의 손도 푸르고
푸른 나무를 푸르게 바라보는
아이의 마음도 푸르고
아이는 오늘밤 푸른 꿈을 꾸겠지요.
봄입니다.

10

참았던 숨

꽃을 보는 마음이 안쓰러웠다. 그러다가 미안했다. 잔뜩 쌓인 마른 가지들 틈을 헤치고 붉은 철쭉이 피어 있었다.

지난해 나무를 정리하며 베어낸 가지들을 한쪽에 쌓아둔 것이었는데, 그 자리에 철쭉이 있는 줄은 생각하지 못했었다. 켜켜이 쌓인 마른가지들이 자신을 억누르고 있는 데도 그러거나 말거나 철쭉은 해맑게 피어 환히 웃고 있었다.

그냥 지나칠 수가 없어 마른 가지들을 옮기고 주변에 피어난 풀들을 뽑아주자 온전한 철쭉이 드러났다. 철쭉이 마침내 후, 하며 그동안 참았던 숨을 내쉬는 것 같았다.

그런 철쭉을 보며 생각한다. 거둬내야 할 마음속 무거운 짐을 지고 살아가는 사람들이 얼마나 많은 것일까, 내 걷는 길이 부디 그럴 수 있기를, 비로소 숨을 쉬는 저 철쭉을 만나는 길이기를.

11

소리까지 찍는 사진기

인우재에서 하루를 보낸 후 잠자리에 들기 전 기도실을 찾았다. 무릎을 꿇고 앉아 밤기도를 드리고 밖으로 나왔더니 공기는 상쾌하고 달은 밝다. 사방 개구리 울음소리, 개구리 울음소리가 합창의 베이스라면 당연 솔리스트는 소쩍새다. 청아하고 맑다. 마당에 서서 밤의 정경에 취한다.

이 순간을 남길 수는 없는 것일까 생각하다가 핸드폰을 찾아 사진을 찍는다. 기도실 창문과 달은 찍었는데, 개구리 울음소리와 소쩍새 노랫소리는 담을 길이 없다. 소리까지 찍는 사진기는 없는 걸까, 실없는 생각이 지난다.

12
어려운 숙제

동그랗게 몽우리 진 작약 꽃봉오리에 붉은 빛이 감돈다. 사
방의 나뭇잎과 풀이 그러하듯 작약의 이파리도 초록색, 줄
기도 초록색, 꽃받침 조각도 초록색인데, 벙긋 부푼 꽃봉오
리에 비치는 것은 붉은빛이다.

작약은 온통 초록의 바다 어디에서 저 빛깔을 만나 불러낸
것일까. 어디에서 저 빛깔을 찾아 꽁꽁 제 안에 품고 있는
것일까.

작약은 자신을 바라보는 내게 어려운 숙제를 준다. 세상 누
구도 모를 뜨거운 마음일랑 어디에서 찾아 어떻게 품는 것
인 지를 물으니 말이다.

13

달과 별

토담집 인우재에서 보내는 밤은 특별하다. 사방이 고요한
데, 어디선가 소쩍새가 울고 이름 모를 짐승의 소리도 들린
다. 아궁이에 불을 때고 막 부엌에서 나오는 순간, 서쪽 하
늘에 걸린 불빛 두 개가 눈에 들어온다. 어둠이 번진 밤하
늘에 누군가 작은 등을 밝힌 듯한데, 초승달과 별이었다.

가만 서서 달과 별을 바라보고 있자니, 떠오르는 기억이 있
었다. 큰딸 소리가 아주 어렸을 적이었다. 둘이서 서울을 다
녀올 일이 있었는데, 서울 고속버스 터미널에서 원주행 버
스를 탔을 때는 땅거미가 깔리며 어둠이 내릴 때였다. 창가
쪽에 앉아 어둔 하늘을 유심히 바라보던 소리가 내게 물었
다.

"아빠. 해는 환한 데 있으니까 혼자 있어도 괜찮지만, 달은
캄캄한 데 혼자 있으면 무서울까 봐 별이랑 같이 있는 거예
요?"

딸의 말을 듣고 창밖을 내다보니 먹물 같은 밤하늘에는 막

돋아났지 싶은 초승달과 바로 옆 환한 별 하나가 떠 있었
다. 달과 별은 어찌 저리 가까이 밤하늘에 떠 있는 것일까,
어린 마음에 생각하니 무서울까 봐 서로 같이 있는 것이구
나 싶었나 보다.

어둠 속 달과 별을 보면서 그런 생각을 떠올린 어린 딸의
마음과 말이 예쁘고 귀여워 한껏 인정을 했다.

"그래, 그렇겠구나. 네 말이 꼭 맞겠구나."

소리는 이내 졸음에 겨워 내 무릎을 베고 잠이 들었다. 잠
든 딸의 등을 토닥이며 마음으로 말했다.

'그래, 우리도 마찬가지겠다. 서로 외롭지 말라고 나란히 곁
에서 함께 사는 것이구나!'

달과 별이 함께 뜨는 한, 오래 전 그 일은 사라지지 않고 내
내 기억의 등불을 밝히리라.

14
봄

에구구
시방 사월 허구두 중순인디
이게 웬 뜬금읍는 추위라냐
꽃들이 춥겁다
여벌 옷두 읍구만

15
한 영혼을 얻기 위해서는

인우재 기도실을 청소하던 중, 기도용 의자에 눈이 갔다. 무릎을 꿇고 앉을 때 엉덩이 아래에 괴면 몸의 무게를 지탱해 주는 작은 의자 표면이 먼지로 지저분했다. 의자를 닦기 위해 우물가를 찾은 나는 깜짝 놀라고 말았다. 먼지를 닦다가 의자 아랫부분을 보게 되었는데, 이게 웬일, 의자의 아랫부분 곳곳이 흙으로 채워져 있었다. 어찌 의자 아랫부분이 흙으로 채워져 있을 수가 있을까, 위에서 흙이 떨어졌다면 의자 위에 남아 있을 터, 의자 밑 부분을 채우고 있는 흙은 선뜻 이해가 되지 않았다.

하지만 금방 이유를 알게 되었다. 막대기를 가지고 와서 흙을 빼내려다 보니 흙 속에는 생각하지 못한 것이 있었다. 작은 애벌레였다. 칸마다 서너 마리씩의 애벌레가 흙 속에 들어 있었던 것이다.

흙을 물어와 집을 짓는 작은 나나니벌이나 호리병벌이 아닐까 싶었다. 그들이 아무도 눈치 채지 못하도록 기도실 의자 밑 부분에다가 알을 낳아둔 것이지 싶었다. 벌들은 어떻게 그곳을 찾았을까, 그곳이 가장 은밀하다는 것을 어떻게 찾아냈을까, 그리고 저만한 흙을 옮기려면 얼마나 수없이 기도실을 드나들어야 했을까, 문득 생명을 지키려는 수고가 경이로움으로 다가왔다.

기도실을 청소하고 무릎을 꿇어 의자 위에 앉자 나도 모르게 마음이 방금 전에 떼어낸 의자 밑 흙으로 갔다. 아무도 모르는 곳을 살펴 긴 수고 끝에 알을 깐 벌, 생명을 얻기 위해서는 그만한 정성과 조심스러움과 수고가 필요한 것이었다. 사람 눈에 잘 띄지도 않아 있는 줄도 모르는 벌이 저만한 정성을 기울여 생명을 키우는 것이라면, 한 영혼을 얻기 위한 우리의 수고는 얼마나 긴 인고의 시간을 조심스럽게 지나야 하는 것일까, 무릎 위로 두 손을 모으는 마음이 숙연했다.

16

4월 16일

4월 16일은 마치 정지된 시간처럼 다가온다. 다른 것은 다 흘러갔지만 흐르지 않던, 흐를 수가 없었던 시간이 힘겹게 한 걸음을 내딛는 것처럼 찾아온다. 흐를 수가 없었던 시간이기에 여전한 아픔의 민낯으로 다가온다.

어떤 이들은 말한다, 이젠 그만하자고. 그만하자는 말은 꽤나 점잖은 축에 속하는 말, 실은 사납고 섬뜩한 말들이 난무한다. 그것은 마구잡이로 쏘아대는 독화살과 같아서 피눈물을 흘리는 이들의 가슴에 거듭해서 박혀 독을 퍼뜨리고는 한다. 이미 너덜너덜해진 기가 막힌 가슴들 위로. 왜 사람들은 흘러간 시간의 길이만을 말하는 것일까? 그 시간이 어떻게 흘러갔는지는 왜 외면하는 것일까?

이제는 그만하자고 말하는 이들에게 한 가지 묻고 싶은 것이 있다. '따지듯이'가 아니라 '정말로, 진심으로 묻고 싶은 것'이 있다. 그날 수장된 304명 중에 당신의 아들이나 딸, 혹은 손자나 손녀가 있었어도 같은 말을 할 수가 있겠느냐고.

17

뒤늦은 깨달음

뒤늦게 깨닫게 되는 것들이 있다. 막상 일을 겪을 때는 그 일이 어떤 일인 지, 무슨 의미가 있는 것인 지를 알지 못하다가 한참 시간이 지난 뒤에야 그 의미를 깨닫게 되는 일들이 있다. 그런 점에서 삶이 우리를 가르치는 방법 중에는 '뒤늦은 깨달음'이라는 것이 있다. 일러주긴 일러주지만 뒤늦게 후회하면서 깨닫게 하는 것이다.

공부의 의미를 공부할 때는 몰랐다가 뒤늦게 깨닫기도 하고, 젊음의 의미를 젊었을 때는 몰랐다가 뒤늦게 알게 되고, 일의 의미를, 사랑의 의미를, 건강의 의미를, 부모님의 의미를, 가족의 의미를, 친구의 의미를, 이웃의 의미를, 삶의 의미를 시간이 한참 지난 뒤에야 깨닫는 경우들이 있다.

"오 맙소사, 죽는 순간에 이르러서야 한 번도 제대로 살지 못했다는 것을 깨닫게 되다니!" 했던 소로우의 후회는, 우리 모두의 후회일 가능성이 크다. '철들자 망령'이라는 우리 속담은 참으로 두려운 말이지 싶다.

코로나 바이러스가 어떤 의미를 가지고 있는 지도 마찬가지일 것이다. 전 세계를 멈춰 서게 한 이 일을 두고 이렇게 저렇게 진단하고 의미를 부여하지만, 그 어떤 설명도 충분하지는 못할 것이다. 코로나 바이러스 이후는 결코 이전과는 같을 수 없다는 말에 공감을 할 뿐, 무엇이 어떻게 다를지는 아직 헤아릴 수가 없는 일이다.

세계 곳곳에서 자동차가 달리고 사람이 오가던 거리가 텅텅 비자 이곳의 본래 주인은 자신들이라는 듯 야생동물들이 나타나 활보한다는 소식을 듣는다. 당연한 듯이 누리던 많은 것들이 사라지게 될 것이다. 이런 일이 가능할까 짐작도 못하던 일들이 일상으로 자리를 잡을 것이다.

부디 이 땅에서 일어나게 될 변화가 의미 있는 변화이기를. 의미 있는 공존을 위한 평화로운 것이기를 빈다.

18

달 따러 가자

윤석중 선생님이 만든 '달 따러 가자'는 모르지 않던 노래
였다.

> "얘들아 나오너라 달 따러 가자
> 장대 들고 망태 메고 뒷동산으로
> 뒷동산에 올라가 무동을 타고
> 장대로 달을 따서 망태에 담자"

지금도 흥얼흥얼 따라 부를 수가 있다. 그렇게만 알고 있었
다. 2절이 있는 줄을 몰랐고, 그랬으니 당연히 2절 가사를
모를 수밖에 없었다.

> "저 건너 순이네는 불을 못 켜서
> 밤이면 바느질도 못한다더라
> 얘들아 나오너라 달을 따다가

순이 엄마 방에다 달아 드리자"

1절은 2절을 위한 배경이었다. 낭만적으로 재미 삼아 달을 따러가자고 한 것이 아니었다. 장대 들고 망태를 멘다고 어찌 달을 따겠는가만, 달 따러가자 한 데에는 이유가 있었다. 밤이 되어도 불을 못 켜 바느질도 못하는 순이네를 위해서였다.

2절 가사를 대하는 순간 마음으로 환한 등 하나가 켜지는 것 같았다. 노래를 부르는 동안 따뜻한 기운이 울컥 마음속으로 번져갔다. 누군가의 어둠을 밝힐 달을 따기 위해서라면 얼마든지 뒷동산에 올라도 좋겠다 싶었다.

둥실 밝은 달이 뜰 때면 달을 따러가자 말하고 싶다. 얼마든지 무동을 타라고, 내가 앉아서 고개를 숙일 터이니 무동을 타라고, 혼자서 손이 닿지 않으면 또 한 사람 더 무동을 태우자고, 마침내 장대를 뻗어 달을 따선 망태에 담고 어서

어서 순이네로 달려가자고, 순이 엄마 마음껏 바느질을 할
수 있도록 어둔 방 전구 달 듯 달을 달아드리자고.

이 땅 곳곳에 드리워진 어둠을 지울 수 있는 길은 거기에
있지 않을까? 모일 때마다 이 노래를 더운 마음으로 불러
노래하는 마음마다 달 하나씩 떠올랐으면.

19
세상이 아름다운 이유

사막이 아름다운 것은 사막 어디엔가 우물을 감추고 있기 때문이라고, 생텍쥐페리는 어린왕자를 통해 말했다.

그렇다, 사막과 같은 세상이 그래도 아름다운 것은 세상 어디엔가 우물과 같은 사람이 감추어져 있기 때문이다.

20

거기와 여기

참 멀리 갔구나 싶어도
거기 있고
참 멀리 왔구나 싶어도
여기 있다

시인 이대흠의 〈천관天冠〉이라는 시의 마지막 구절이다. 강으로 간 새들이 강을 물고 돌아오는 저물녘에 차를 마시며, 막 돋아난 개밥바라기를 보며 별의 뒤편 그늘을 생각하는 동안, 노을은 바위에 들고 바위는 노을을 새기고, 오랜만에 바위와 놀빛처럼 마주앉은 그대와 나는 말이 없고, 먼데 갔다 온 새들이 어둠에 덧칠될 때, 시인은 문득 거기와 여기를 생각한다.

멀리 갔구나 싶어도 거기 있고, 멀리 왔구나 싶어도 여기 있는, 그 무엇으로도 지워지거나 사라지지 않는 거리와 경계가 우리에게 있다.

21

등에 손만 대도

아빠가 맞은 환갑을 기억하고 기념하기 위해 아이들이 잠시 귀국을 했다. 저렴한 표를 끊는다고 중국 베이징을 경유해서 오는데, 덕분에 아이들은 녹초가 되어 도착을 했다. 비행기가 바로 연결이 되는 것이 아니어서 고생은 훨씬 더했다. 비행기 멀미가 심한 막내는 떠날 때부터 도착할 때까지 아무것도 먹지를 못해 체력까지 바닥이 나 있었다. 쭈뼛쭈뼛 선물로 전하는 시계보다도 2년여 만에 아이들 얼굴 대하는 것이 내게는 가장 좋은 선물이었다.

아이들과 함께 지리산 노고단에 올랐다. 숲이 흔할 뿐 산다운 산이 드문 독일에 사는 아이들이기에 우리 산의 아름다움을 함께 경험하고 싶었다. 얼마만에 산에 오르는 것일까, 모두의 숨이 가쁘고 걸음은 쉽지가 않았다.

돌계단을 힘겹게 오르고 있을 때였다. 혼자서 등산을 하던 한 여자가 우리를 보더니 말을 건넸다. 우리가 가족이고, 힘들어하고 있는 것을 보고 건넨 말이었을 것이다.

"한 번 서로의 등에 손을 대 보세요. 굳이 뒤에서 밀지 않아도 훨씬 힘이 덜 들 거예요."

힘이 들던 참이기도 했거니와 그가 한 말이 재미있어 서로의 등에 손을 대 보았다. 그런데 신기했다. 느낌이 달랐다. 기분이 그런 것인지, 정말로 그런 것인지 누군가의 손이 등에 닿자 한결 걸음이 가벼워지는 걸 느낄 수가 있었다.

누군가의 손이 등에 닿기만 해도 지친 걸음이 가벼워지는 드문 경험, 누군가의 걸음이 지쳐 무거울 때면 나의 손을 가만히 그의 등에 얹을 일이었다.

22
저녁볕

저무는 저녁볕이 환하고 조용하다.
골목마다 터뜨린 개나리며 목련이며 벚꽃,
온갖 꽃들의 함성,
나하고는 아무 상관이 없다는 듯
슬며시 물러서는 걸음,
한낮의 눈부신 볕보다도 저녁볕에 더 눈이 간다.

23

떨어진 손톱을 집으며

책상 위에서 손톱을 깎으면 잘린 손톱이 이리저리 튄다. 펼쳐 놓은 종이 위로 얌전히 내려앉는 것들도 있거니와 알 수 없는 방향으로 튀는 것들도 있다. 손톱이 잘리는 것도 몸에서 떨어져 나가는 배제의 아픔일지, 사방으로 튀는 손톱은 비명을 지르는 것도 같다.

손톱을 깎고 나면 눈에 보이는 손톱을 찾아 치우느라 치우지만 때로는 뒤늦게 발견되는 손톱이 있다. 뒤늦게 발견된 손톱을 치우기 위해 취하는 동작이 있다. 검지 끝으로 꾹 누른다. 꾹 눌러 손톱을 들어올린다. 들어올린 손톱이 떨어지면 이번에는 조금 더 세게 누른다. 누른 만큼, 손가락 끝에 박힌 만큼 손톱은 달라붙는다.

내게서 멀어진 누군가를 받아들이는 것도 마찬가지일지 모른다. 내게 더욱 밀착시키는. 내게 자국이 남을 만큼 더욱 받아들이는.

24
아우성

밖에 나갔다가 돌아오는 길, 길을 지나며 보니 꽃집 유리창 앞에 다육이 식물들이 놓여 있었다. 작은 크기지만 모양과 빛깔이 앙증맞아 바라보다가 그 중 두 개를 샀다. 계산을 하며 주인에게 물었다.

"물은 얼마큼씩을 줘야 하나요?"

나는 식물을 제대로 키울 줄을 모른다. 어떤 땐 물을 너무 안 줘서, 때로는 너무 많이 자주 줘서 죽인 적이 있다.

주인이 들려준 대답이 재미있었다.

"보면 알아요. 얘들이 아우성을 칠 때 그때 주면 돼요."

꽃집 주인의 대답은 더없이 단순하고 쉬웠지만 내게는 쉽지 않았다. 잎의 아우성을 알아차릴 수 있는 눈과 귀가 내게 있는 것인 지, 자신이 없었기 때문이다.

봄

아무도 몰래 하나님이
연둣빛 빛깔을 풀고 계시다

모두가 잠든 밤
혹은 햇살에 섞어
조금씩 조금씩 풀고 계시다

땅이 그걸 안다
하늘만 바라고 사는 땅

제일 먼저 안다
제일 먼저 대답을 한다

26
당신이 부르실 때

당신이 저를 부르실 때
제가 제 이름을 몰라
대답하지 못하는 일 없게 하소서.

당신이 저를 부르실 때
당신의 목소리를 몰라
대답하지 못하는 일 없게 하소서.

당신이 누군가를 부르실 때
잘못 알아듣고
제가 대답하는 일이 없게 하소서.

27

<u>고요</u>

우리가 고요하면

세상이 고요할까

28

봄비가 꽃비로

사나운 바람과 함께 봄비가 내리던 날이었다. 지나가는 길에 교우 가게에 들렀다가 먼저 와 계신 원로 장로님을 만났는데, 장로님은 마치 기다렸다는 듯이 가게 밖을 손으로 가리키며 뜻밖의 인사를 건넸다.

"봄비가 꽃비로 내려요."

사나운 바람으로 아기 손톱 같은 벚꽃 잎이 눈발처럼 날리고, 허공으로 날아오른 꽃잎들이 땅 위로 떨어져 길과 길을 지나가는 사람들의 걸음을 예쁘고 아프게 수를 놓고 있었는데, 그를 두고 꽃비라 부른 것이었다.

봄비가 꽃비로 내린다는 백발이 성성한 장로님의 그윽한 인사에 내가 대답할 수 있는 말은 한마디밖에 없었다.

"시인이 따로 없네요."

29

모두 아이들 장난 같아

도리보다는 실리가 앞서는 세상이다. 유익보다는 이익이 우선인 세상이다. 많은 일들이 마땅하다는 듯이 진행된다. 하도 점잖게 이루어져 그걸 낯설게 여기는 것이 이상할 정도이다. 경박輕薄하고 부박浮薄한 세상이다.

비 때문일까, 낡은 책에 담긴 이행李荇의 싯구詩句가 마음에 닿는다.

"우연히 아름다운 약속 지켜
즐겁게 참된 경지를 깨닫네
사람이 좋으면 추한 물건이 없고
땅이 아름다우면 놀라운 시구도 짓기 어려워라"

"한평생 얻고 잃는 게 모두 아이들 장난 같아
유유히 웃어넘기곤 묻지를 않으려네"

당신이 중단시키기 전까지는

뛰어난 이야기꾼이었던 엔소니 드 멜로Anthony De Mello가
들려주는 이야기 중 하나이다.

어느 신부가 한 부인이 손으로 머리를 감싸고 빈 성당에 앉
아 있는 것을 보았다. 한 시간이 가고 두 시간이 가도 부인
은 아직도 거기 그대로 앉아 있었다. 신부는 그 부인이 절
망에 빠진 영혼이라고 판단하고서 도와주고 싶은 마음이
간절하여 다가가서 말했다.

"제가 어떻게든 도움이 될 수 있을까요?"

"아니오, 감사합니다, 신부님." 하고 부인은 말했다.

"필요한 도움을 모두 받고 있었어요."

그 말 아래, 두어 줄 떨어진 자리에, 부인이 한 한 마디 말이
더 적혀 있었다.

"당신이 중단시키기 전까지는!"

목사인 내가 하는 일이, 목사인 내가 하는 설교가
제발 그런 것이 아니기를!

5월

1

하늘 그물

새벽기도회를 마쳤을 때 권사님 한 분이 목양실로 찾아왔다. 새벽에 나눴던 말씀 중에 잘 이해가 되지 않는 본문이 있었던 것이다. 스가랴 11장이 본문이었는데, 본문 속에 나오는 토기장이가 무엇을 의미하는지가 궁금하다는 것이었다.

잠시 서서 이야기를 나누다가 시간이 괜찮으면 앉아서 이야기를 나누자고 권했다. 권사님과 개인적인 이야기를 나누는 것은 처음이었다. 권사님은 당신의 지나온 시간을 이야기했다. 잠깐 듣는 이야기 속에도 기가 막히도록 어려운 일들이 많았다.

이야기 끝에 권사님은 당신이 기도할 때마다 드리는 기도가 있다고 했다.

"하나님, 제게 왜 이러십니까? 언제까지 이러실 겁니까?"

권사님 심정이 충분히 이해가 되었다. 그런 권사님께 하늘

192

그물 이야기를 해드렸다. '천망회회 소이불실天網恢恢 疎而
不失',《도덕경》에 나오는 말로 '하늘 그물은 넓고 성기어서
허술한 것 같지만, 빠뜨리는 것이 없다'는 뜻이다.

하늘 그물이 있나 싶게, 저렇게 코가 넓어 무엇을 담을 수
있나 싶게 하늘 그물은 엉성하기 그지없어 보이지만, 그럼
에도 불구하고 빠뜨리는 것이 없다니 하나님께 맡기고 기
다려 보자고 했다.

그런 후에 드리는 나직한 기도, 기도를 하는 사람도 함께
기도하는 사람도 함께 목이 메는.

2
감사

모든 것을 잃고서야 배울 수도 있고
모든 것을 사랑함으로 배울 수도 있고

3

꽃은

여럿 중의 하나라고 주눅들지 않는다.

남보다 앞서려고 까치발을 들지 않는다.

나를 보라고 목소리를 높이지 않는다.

한데 모여 하나의 꽃이 된다.

얼마든지 함께 웃는다.

지나가는 바람까지를 순하게 한다.

각자 외로운 우리를 두고서

꽃은!

4
책꽂이를 구입한 이유

중고서적을 판매하는 알라딘 서점에 들렀다. 딸 소리가 찾는 책이 있다기에 겸사겸사 같이 찾았다. 버스를 한 번만 타면 되는 멀지 않은 곳에 중고서점이 있다는 것이 여간 반갑지가 않았다. 처음 찾는 곳이었는데, 서점에서는 중고서적은 물론 중고 음반과 문구류 등을 함께 팔고 있었다.

천천히 둘러보다가 그레고리안 찬가를 담은 음반 2장과 책 몇 권을 골랐다. 저렴한 가격이 착하게 느껴졌다. 더이상 필요하지 않았던 것들을 버리지 않고 누군가와 다시 나눈다는 것이 착한 의미로 다가왔다.

서점 안을 둘러보다가 만난 물건 중에는 책꽂이도 있었다. 삼나무로 만들었다는데, 지극히 심플한 구조였다. 바닥면 한 쪽 아래에 턱을 괸, 그것이 전부라 할 수 있었다. 그 약간의 경사로 인해 굳이 양쪽을 막지 않아도 책이 넘어지지 않았다. 차지하는 공간도 적어 책상에 두고 쓰면 좋겠다 싶어 사려고 하니 그 책꽂이는 전시된 것 외에는 다른 물건이 남아 있지 않다고, 전시되어 있던 것도 괜찮다면 팔 수 있다고 했다.

흔쾌한 마음으로 구입을 했다. 책꽂이에 손때가 얼마나 묻었을 것이며 누군가의 손때가 묻었으면 어떤가. 오히려 그 손때로 인하여 책꽂이로 사용된 삼나무가 한결 부드럽게 느껴진다면 말이다.

값이 크게 비싼 것도 아니었는데, 실은 책꽂이를 산 또 하나의 이유가 있었다. 저 단순한 구조 속에 절묘한 이치를 담아낸 누군가의 창조적인 아이디어에 박수를 보내고 싶었다. 책을 가까이에 두려는 선한 마음에서 비롯된 아름다운 마음에 찬사를 보내고 싶었던 것이다.

5

너무 크게 대답하는 것은

다육이가 심겨진 화분을 사며 주인에게 물어 들었던 말, 다육이가 아우성을 치면 그때 물을 주라 했던 말을 기억하고 있다. 화장실에 드나들 때마다 창가 쪽에 놓인 다육이가 언제 아우성을 치는 지를 살피고는 한다. 내 귀가 둔감하여 식물을 죽이는 일이 없기를 바라는 마음에서다.

창가에는 작은 다육이 화분 세 개가 나란히 놓여 있는데, 그 중 하나가 왠지 시들해 보였다. 시무룩해 보인 것인 지도 모른다. 꽃가게에서 들었던 대로 화분 받침대에 물을 담아 그 위에 화분을 올려 두었다.

그런데 이게 웬일, 이틀이 지난 뒤 보니 다육이가 불쑥 커져 있었다. 그것은 마치 몸이 불어난 것처럼 보였다. 필시 받침대에 있던 물을 흠뻑 빨아들인 결과라 여겨지는데, 그 모습이 영 어색했다. 생기를 되찾는 정도가 아니라 줄기가 비대해지고 말았으니 말이다. 물을 너무 과하게 줘도 죽는다고 했던 말이 마음에 걸린다. 내가 할 수 있는 일이란 그

저 지켜보는 일밖에 없어 포만의 상태를 잘 견뎌주기를 바
랄 뿐이었다.

비대해진 다육이를 볼 때마다 드는 생각이 있다. 너무 큰
대답은 어색하고 불편하다. 너무 과한 반응은 오히려 진실
성의 결여처럼 느껴진다. 마음이 담긴 대답이나 반응은 굳
이 자신을 과장하거나 목소리를 높일 필요가 없다.

6
설교와 썰교

목사에게 설교는 평생 지고 가야 할 짐이자 그칠 수 없는 마음의 씨름일 것이다. 설교자로 살면서 누군가의 설교를 듣는다는 것은 새로운 경험이다. 마른 땅에 비 내리듯, 사막에 이슬 내리듯 듣는 말씀이 마음을 적실 때가 있다. 따뜻한 위로와 선한 격려로 다가와 마음을 추스르게 할 때면 말씀이 가진 의미를 새롭게 생각하게 된다. 몰랐거나 무감했지만 내가 잘못 살았구나, 화들짝 놀람으로 깨닫게 만들 때면 말씀이 가진 힘을 새삼 확인하기도 한다.

하지만 늘 그런 것은 아니다. 말씀이 공허하게 다가올 때가 있다. 말씀에서 길어 올린 것이 아닌 수박 겉핥기식의 가벼움, 뻔한 공식과 같은 적용, 이야기를 할 때마다 '적的, 적的' 하지만 '쩝, 쩝'으로 다가오는 자기 과시, 본문과 상관없는 개인적인 수다 등 말씀을 공허하게 만드는 경우가 적지 않다 싶다.

그렇게 만드는 이유 중에 빠뜨릴 수 없는 이유가 또 하나 있다. 말씀과 말씀을 전하는 사람과의 거리감이다. 구구절절 말씀은 옳다. 틀린 게 없다. 교과서에 실어도 좋을 만한 훌륭한 내용이다. 하지만 그것이 말씀을 전하는 이의 삶과 상관이 없다 여겨질 때, 아뜩한 거리가 느껴질 때, 말씀은 한없이 공허하게 다가온다.

신학을 배우던 시절, 교과목 중에는 설교학이 있었다. 첫 번째 강의 시간이었을 것이다. 나원용 목사님으로 기억하는데, 목사님은 우리에게 설교가 무엇인지를 물었다. 몇몇 대답들이 이어졌는데, 지금도 남아 있는 대답이 있다.

"설교에는 두 종류가 있는데, 하나는 '설교'이고 다른 하나는 '썰교'입니다." 모두가 큰 소리로 웃었다. 하지만 뼈 있는 이야기였다. 말씀을 말씀으로 전하는 '설교'와 사람의 말을 전하는 '썰교'를 구분하고 있기 때문이다. 스스로에게 묻는 마음이 가볍지 않다. 나는 지금 '설교'를 하고 있는 것일까, '썰교'를 하고 있는 것은 아닐까.

7
수도자의 옷

"수도자의 옷은 사흘 동안 자기 암자 밖에 놓아두더라도 아무도 가지고 가지 않을 정도가 되어야 합니다."

사막의 교부 압바 팜부스가 남긴 말이다.

어디 옷뿐일까. 모든 소유가 그리해야 할 터, 오늘 우리들의 걸음이 자유롭지 못한 것은 우리가 지닌 것이 너무 많기 때문일 것이다.

8

불쌍히 여기소서

어찌 봄이 당연하게 오겠느냐는 듯이 여름처럼 더웠던 전
날과는 달리 쌀쌀하고 을씨년스러운 날씨, 오후부터는 비
가 사납게 내리기 시작했다. 잔뜩 흐린 하늘에서 비가 내리
자 땅거미도 서둘러 깔려들고 있었다.

비는 내리고 어둠은 깔리는데, 방금 날아간 저 새는 어디로
가는 것일까, 어디서 밤을 지낼까, 비와 바람을 가려 안전하
고 편안하게 잘 수 있는 둥지는 있는 것일까, 함께 만나 체
온을 나누며 지친 몸을 기댈 다른 새는 있는 것일까, 아무
데서나 혼자 한뎃잠을 자는 것은 아닐까, 이런저런 생각들
이 이어졌다. 운전을 하면서도 마음으로는 기도한다.

"날이 저물어도 돌아갈 곳이 없는 누군가를 불쌍히 여기소
서. 비와 바람을 가릴 수 없이 밤을 맞는 이를 불쌍히 여기
소서. 어둠 속에서 홀로 잠드는 세상 모든 생명들을 불쌍히
여기소서."

9
진면목眞面目

본디 그대로의 참된 모습이나 내용을 진면목眞面目이라 한다. 살아가면서 많은 사람들을 만나지만 누군가의 진면목을 보게 되는 순간은 많지 않다. 본다고 본 것이, 안다고 생각했던 것이 누군가의 겉모습이나 그의 일부일 때가 있다. 누군가의 진면목을 알 수 있는 때가 있다고 한다. 함께 여행을 할 때, 밥을 먹을 때, 도박판에 앉았을 때, 위급한 일을 만났을 때라는 것이다. 그렇겠다 싶다. 그런 일을 만나면 그가 어떤 사람인 지를 비로소 알 수 있을 것 같다.

탈무드엔 사람을 평가하는 세 가지 기준이 있다. '키소Kiso, 코소Koso, 카소Caso'가 그것이다. '키소Kiso'는 돈주머니를 말한다. 돈을 어떻게 사용하느냐가 그 사람의 가치를 일러 준다는 것이다. '코소Koso'는 술잔이다. 무엇을 어떻게 즐기는 지를 보아 그를 알 수가 있다는 것이다. '카소Caso'는 분노다. 자신의 감정을 어떻게 다스리는지를 보면 그 사람이 어떤 사람인 지를 알 수 있다는 것이다. 충분히 일리 있는 기준이다 싶다.

그가 어떤 사람인 지를 말해주는 것은 의외로 단순한 것인 지도 모른다. 눈물과 웃음일 수 있다. 언제 어떤 상황에서 울고 웃는 지를 보면 그가 누구인 지를 알 수 있다. 함께 울 줄도 모르고 웃을 줄도 모르는, 어떻게 웃어야 하고 울어야 할 지를 모르는 이들이 의외로 많다. 그런 이들은 웃어도 어색하고 울어도 어색하다. 울어야 할 때 웃고, 웃어야 할 때 우는 모습을 보는 것은 당황스럽다.

눈물이나 웃음으로 한 사람의 진면목을 알게 되는 것은 소중하고 고마운 일이다.

10
웃으실까

더 사랑하게 해주세요.
다시 사랑하게 해주세요.
진심으로 사랑하게 해주세요.

새벽에 드리는 기도,
웃으실까 하나님은
당연한 걸 어찌 애써 구하느냐고.

11

빛을 바라본다면

눈여겨보니 창가에 놓아둔 화초의 줄기들이 한 쪽 방향을 향하고 있다. 오랜 시간 함께 연습을 한 싱크로나이즈 synchronize 선수들이 보이는 일정한 팔동작과 발동작 같다. '우리는 하나, 모두가 같은 마음이랍니다', 작은 목소리로 그렇게 말하는 것처럼 보인다.

그럴만한 이유가 있었다. 그들은 모두 유리창 쪽을 향하고 있었다. 유리창은 빛의 창구, 모두가 빛을 향하고 있는 것이었다.

모두가 빛을 바라본다면, 빛 안에서 우리는 하나인 것이었다.

12

그냥

후둑후둑 마음이 무너질 때가 있다. 오래된 흙집 오래된 세월 속 흙벽 떨어지듯 견고하다 싶었던 마음이 허물어질 때가 있다. 태연하던 마음이 흔들릴 때가 있다. 어디에도 뿌리가 보이지 않을 때가 있다. 끝도 없이 마음이 가라앉을 때가 있다. 손을 휘저어도 무엇 하나 잡히는 것이 없을 때가 있다. 어떤 것도 마음에 닿지 않을 때가 있다.

그럴 때면 일도, 음악도, 책도, 커피도, 세상 풍경도, 전해지는 이야기도, 익숙했던 모든 것들이 약속이나 한 것처럼 뒷걸음을 친다. 한순간 내가 낯설고 세상이 낯설다. 모래알 구르듯 시간이 지나가고, 어둠이 깊도록 종소리는 들리지 않는다. 마침내 향방이 사라진다. 그럴 때면 발버둥을 치지 않는다. 고함을 지르지도, 안간힘을 쓰지도 않는다. 미끄러지듯 스미듯 무중력의 물컹한 시간에 나를 맡긴다. 유빙처럼 어디에 닿을지를 알지 못하지만 있는 모습 그대로를 떠받칠, 나보다 깊은 내부에 모든 것을 맡긴다. 그럴 뿐이다. 그냥.

13
너무나 섬세해진 영혼

"악마가 영혼을 거칠게 하는 데 성공하지 못하면, 반대로 영혼을 과도하게 섬세하게 하는 데 주력한다. 그리하여 너무나 섬세해진 영혼은 '죄가 없는 곳에서도' 끊임없이 모든 것을 죄로 보고, 결국 자기 자신을 스스로 참소讒訴한다."

예수회의 창시자 로욜라Loyola가 한 말이다. 내면을 성찰한다는 것이 무엇인지를, 영혼의 방에 등불을 밝힌다는 것이 무엇인지를 생각하게 한다. 그렇다, 너무나 섬세해진 영혼은 섬세해진 자신을 과신하여 정작 바라보아야 할 것을 바라보지 못하게 한다. 영혼을 지나치게 예민하게 하는 것은 영혼을 거칠게 하는 것과 다르지 않다.

14

도끼와 톱

나무를 쓰러뜨리는 연장에는 도끼만 있는 것이 아니다. 톱도 나무를 쓰러뜨린다. 거목이 아니라면 도끼는 서너 번의 손길이면 족하다. 하지만 톱은 다르다. 훨씬 많은 손길이 필요하다.

도끼는 거친 상흔을 남긴다. 톱은 매끈한 상흔을 남긴다. 톱밥 떨구듯 조금씩 헤집은 상처, 더 아픈 것은 매끈한 상처인 지도 모른다. 상처를 상처로 보지 않기 때문이다.

가장 아픈 상처는 상처를 상처로 보지 않는, 내밀한 상처일 수 있다.

15
꿈속에서도

농사를 짓는 이웃들의 아픔을 같이 느꼈으면 싶어 논농사를 시작하던 해, 논에 물이 얼마나 있어야 하는 지를 병철 씨에게 물었을 때였다. 그의 대답은 단순했다.

"농사꾼은 꿈속에서도 물이 마르면 안 돼요."

꿈속에서도 물이 마르면 안 된다는 한 마디 말은 씨앗처럼 남았다. 꿈속에서도 지켜야 할 것들이 우리에겐 있는 법이었다.

16
박주가리 솜털처럼

고운 것을 보면
왠지 아프다.

따사로운 것을 보면
괜히 눈물겹다.

작은 바람에도 날개를 펴는
박주가리 솜털처럼.

17

붓끝에서 핀 꽃송이

지나는 길에 잠깐 들른 인우재에서 소리가 찾아낸 것이 있었다. 네잎클로버였다. 누가 아빠의 딸 아니랄까 그랬는지, 소리도 네잎클로버를 잘 찾았다. 네잎클로버는 책갈피에 넣어두지 않으면 금방 시들고 만다. 책을 찾기 위해 서재 방문을 열었다. 무슨 책을 꺼낼까 망설일 때, 눈에 띄는 책이 있었다.《세설신어世說新語》였다. 오래 전에 읽은 책이지만 다시 읽어도 좋겠다 싶었다. 다음과 같은 내용이 담긴 책이다.

유담劉惔이 강관江灌을 평했다.

"말을 잘 하지는 못하지만, 말을 하지 않는 것은 잘 한다."

달변이나 능변의 재주는 없지만 침묵해야 할 때 침묵할 수 있는 능력을 지닌 사람이나, 그것을 눈여겨 바라보는 사람이나 모두 경지에 든 사람이지 싶다. 〈세설신어〉를 두고 '촌철살인의 붓끝에서 핀 꽃송이'라 하는 말에 공감을 한다.

18

생각하지 못한 위로

드물게 뵙고 이따금씩 통화를 하는 한 지인이 있다. 내게는 삶의 스승과 같은 분이다. 지난번 통화를 하다가 잠깐 책 이야기를 나누게 되었는데, 그분이 모르는 책이었다. 누구보다도 책 읽기를 좋아하는 분, 마틴 슐레스케가 쓴《가문비나무의 노래》와《바이올린과 순례자》를 보내드리기로 했다.

통화를 마치고 인터넷으로 책 주문을 하는데, 그만 막히고 말았다. 내가 책을 받아 다시 보내는 것보다는 그분의 주소로 직접 보내드리면 좋겠다 싶었는데, 그런 주문은 안 해본 일이었다. 별 것 아니었을 텐데도 나는 막히고 말았다. 그만큼 컴퓨터와 친하질 못한 탓이었다. 누군가에게 물어서 다시 해야지 했는데, 그리고는 까맣게 잊고 말았다.

두어 주가 지난 뒤 지인이 전화를 했다. 그리고는 조심스럽게 물었다. 그동안 여행을 다녀왔는데, 와 보니 책이 없다는 것이다. 그분이 사는 아파트에서는 택배가 오면 한 곳에 모아두고 각자가 와서 찾아가는데, 혹시 보낸 책이 사라진 것은 아닌가 싶어 조심스레 전화를 한 것이었다. 전화를 받으면서야 책을 보내지 못한 일이 떠올랐다.

"죄송해요, 까맣게 잊고 있었어요."

송구한 마음을 전하자 아니라며, 혹시나 싶어 전화를 했는데 하지 말 걸 그랬다며 오히려 미안해하신다. 그러면서 하시는 말이 재미있었다.

"한 목사님도 그럴 때가 있군요. 하긴 환갑이 지나니 그럴 때도 되었어요. 한 목사님도 그러는 걸 보니 적잖이 위로가 되네요."

위로만 드릴 수는 없어 다시 책 주문을 했다. 물론 다른 이의 도움을 받아서 말이다. 책을 받고는 고맙다고 다시 전화를 하셔서 이런저런 소식을 나누니, 때론 망각도 망외의 즐거움을 누리게 하는 것이지 싶다.

19
나는 누구일까?

잠시 귀국했던 큰 딸 소리가 다시 독일로 돌아갈 날이 가까이 다가오면서 함께 연극을 보기로 한 것은 좋은 선택이었지 싶다. 정릉에서 대학로까지는 버스를 한 번만 타면 되는 가까운 거리, 서울에 살고 있다는 것을 실감할 수 있었다.

아내와 소리가 찾아낸 연극이 〈12인의 성난 사람들〉, 나는 처음 듣는 제목이었다. 연극을 보는 사람들이 얼마나 될까 싶었던 것은 매우 잘못된 생각이었다. 전좌석이 매진이었고, 좌석을 따로 지정하지를 않아 줄을 선 순서대로 입장을 해야 했다.

무대는 한눈에 보기에도 단순했다. 평범한 의자들이 가장자리에 놓여 있었고, 공사장에서 쓰는 듯한 둥근 쇠파이프가 울타리처럼 둘러쳐져 있었다. 설치된 무대만 봐서는 연극이 무척 단조롭거나 지루할 것처럼 여겨졌다.

연극의 상황은 단순했고 명확했다. 자신의 아버지를 죽인

한 소년이 법정에 서게 되는데 모든 정황과 증거가 소년을 범인으로 단정짓게 했다. 법정 최고형인 사형 판결까지 남아 있는 절차는 '하나', 배심원 열두 명의 '만장일치' 결정이었다. 모두가 유죄라 생각했기에 그것마저 쉽게 결정이 되려는가 싶을 때 '무죄'라 손을 든 한 사람이 있었고 그 한 사람으로 인해 상황은 새로운 전기를 맞게 된다. 배심원들이 요구 받은 것은 '만장일치', 열한 명이 나서서 한 명을 설득하기 시작한다. 너무나 일방적으로 보이는 11:1, 그런 상황설정이 흥미로웠고 흡인력이 있었다.

지루할지도 모르겠다는 짐작과는 달리 110분이라는 시간이 잠깐처럼 지나갔다. 주제도 주제지만 연극에 몰입하게 만들었던 또 하나의 중요한 이유가 있었다. 배우들이 배우 같지 않았다. 배우처럼 연기하지 않았다. 배우라기보다는 우리의 생활 속에서 얼마든지 만날 수 있는 평범한 모습이었다. 연기가 아니라 삶에서 마주하는 일상이었다. 연극에 등장하는 열두 명의 인물들은 다양한 인간 군상의 축소판이었다. 배우들 한 명 한 명의 캐릭터가 드러날 때마다 겹쳐 떠오르는 얼굴들이 있었다. 배우는 한 사람의 얼굴이 아니었다. 고유한 성격을 대표하는 얼굴이었다.

세상을 살아가며 우리가 얼마나 쉽게 편견에 사로잡히는지, 편견은 얼마나 무섭게 현실을 왜곡하는지, 그래서 맹목적인 확신으로 자리를 잡는지, 편견과 왜곡이 집단화 될 때 우리가 얼마나 단순해지며 무감각해지며 용감해지는 지, 애정이나 책임이 없는 논리와 주장이 얼마나 폭력적인 지, 많은 것들을 돌아보게 했다.

내뱉는 말도 하는 행동도 거칠기 그지없는 한 배우가 함부로 코를 풀고 사방 무대 위에 어지럽게 내버린 휴지조각처럼 공연 내내 온갖 주장과 갈등이 난무하지만 연극은 옳고 그름을 결정하라고 요구하지 않았다. 대신 끊임없이 질문을 했다. 당신은 열두 명 중 누구냐고, 누가 당신이냐고 말이다.

연극을 보고 나와 식사를 하면서도 대화는 오래 이어졌다.

과연 나는 누구인지, 누가 나인지에 대해서 말이다.

20
뼛속까지

'뼛속까지'라는 말의 사전적 의미는 다음과 같다.

'뼈의 내강內腔이나 해면질海綿質의 소강小腔을 채우고 있는 세포와 혈관이 풍부한 연한 조직.'

병원 응급실이나 수술실에서 하는 말이 아니라면 대개의 경우 '뼛속까지'는 다음과 같은 의미를 갖는다.

'겉으로 드러나지 않은 마음의 속'

책 제목 중에는 《뼛속까지 내려가서 써라》는 것도 있다.

예수의 제자들은 뼛속까지 높아지는 데 관심이 있었다. 두 제자는 영광의 날 예수의 오른편과 왼편에 앉게 해달라 당당하고 은밀하게 요구하기도 하고, 자기들 중에서 누가 높은 지를 두고 다투기도 한다. 예수와 함께 길을 걸어가면서도 말이다. 예수는 당신이 당할 고난을 말하고 있는데도 그랬다. 무슨 고상한 질문인 것처럼 하늘나라에서는 누가 가장 큰 자인 지를 묻기도 한다. 큰 자와 작은 자가 사라진 곳,

없어도 좋을 곳이 천국일 텐데도 말이다.

하늘나라에서 가장 큰 자가 누구인 지를 묻는 질문 앞에 예수는 어린이 하나를 제자들 가운데에 세우신다. 몇 마디 말씀을 보태셨지만 제자들 한가운데에 어린이를 세우셨다는 것 자체가 충분한 대답이었다.

뼛속까지 낮아지려는 예수를 두고, 뼛속까지 높아지려 하는 제자들은 그때나 이때나 변함이 없다.

21
등 뒤의 햇살

그대 등 뒤로 내리는 햇살이
따스함으로 머물도록
한 올 한 올
품안에서 머물도록
잠깐
잠깐만이라도 그대 고요하라.

바람에 날려 떨어지는
비늘 같은 햇살
햇살은 거리에 널리고
바쁜 걸음에 밟히니
표정 잃은 등마다 낯선 슬픔
제 집처럼 찾아드니

그대 등 뒤로 내리는 햇살이

새근새근

고른 숨결로 머물도록

잠깐

잠깐이라도 그대 침묵하라.

22

어느 날의 기도

–창세기 22장을 읽다가

아침 일찍 길을 나섰을 뿐
누구도 만나지 않았습니다.
믿을 만한 사람 의견을 물어
핑곗거리로 삼지 않았습니다.
선물로 주신 자식을 제물로 바치라는
뜬눈으로 밤을 지새워도
도무지 이해할 수 없는 하나님의 요구,
산산이 조각난 심장인 양
번제에 쓸 장작을 쪼개어 지고는
일러주신 곳으로 걸음을 옮길 뿐입니다.
이야기를 듣는 순간부터
나는 죽었고,
나는 이미 제물이었습니다.

23

이팝나무

언제부터 저리 많았나 싶게 요즘 도로를 달리다 보면 그 중 흔하게 보게 되는 것이 이팝나무다. 눈이 부실 만큼 나무 가득 하얀 꽃을 피워낸 모습을 보면, 이팝나무만 골라 폭설이 내린 듯 눈을 뒤집어 쓴 것처럼 보인다.

꽃을 볼 때면 군침이 돌기도 하는 것은 어릴 적 어머니가 만들어 주신 쑥버무리가 떠오르기 때문이다. 뜯어온 쑥 위에 쌀가루를 뿌려 만든 쑥버무리, 이팝나무엔 하얀 쌀가루와 푸른 쑥이 그럴 듯이 어울린다.

하지만 이팝나무 꽃을 바라보는 종국엔 괜스레 눈물겹다. 저 하얀 꽃을 바라보며 하얀 이밥을 떠올렸던 배고프던 시절을 생각하면. 먹을 게 넘쳐나 이팝나무를 바라보면서도 이팝나무의 유래를 모르는 오늘을 생각하면.

24

은퇴隱退와 염퇴恬退

은퇴隱退는 '숨길 은隱'과 '물러날 퇴退'로 된 말이다. 직임에서 물러나거나 사회 활동에서 손을 떼고 한가히 지낸다는 사전적인 의미를 넘어 물러나 숨는 것, 혹은 숨기 위해 물러나는 것이 은퇴였던 것이다.

물러난 뒤에도 숨지 못하는 이들이 많고, 포곡은사布穀隱士처럼 어설프게 나섬으로 뒷모습이 아름답지 못한 경우들이 적지 않으니, '은퇴'를 '물러나 숨는 것'으로 새기는 것은 얼마든지 의미 있는 일이다 싶다.

농암 이현보聾巖 李賢輔를 통해 알게 된 말 중에 '염퇴恬退'가 있다. 염퇴란 명리名利에 뜻이 없어서 벼슬을 내놓고 물러나는 것을 의미한다. 얼마든지 출세의 길이 있음에도 그 모든 것을 등지고 고향을 찾은 농암聾巖에게 어울렸던 말이 '염퇴'였던 것이다. 염퇴의 길을 나서며 농암은 시 한 수를 남긴다.

"돌아가리라, 돌아가리라 말뿐이오 간 사람 없어
전원이 황폐해지니 아니 가고 어쩔꼬
초당에 청풍명월이 나며 들며 기다리나니"

농암聾巖은 '귀먹바위' '귀머거리바위'라는 뜻이다. 바위치
고 귀먹바위 아닌 것이 없는데, 고향의 바위 하나 자신의
호號로 삼았으니 가히 은퇴와 염퇴의 길을 갈만한 삶이다
싶다.

25

미늘

낚시바늘을 유심히 보면 바늘 끝만 날카로운 것이 아니다. 또 하나 날카로운 부분이 있다. 바늘 끝의 안쪽에 있는, 거스러미처럼 되어 고기가 물면 빠지지 못하게 된 작은 갈고리, 미늘이다. 미늘은 낚시를 사용하는 세상 어디에나 있는 것인 지, 한문으로는 '구거鉤距'라 한다. 살펴보니 '갈고랑이 구鉤'에 '떨어질 거距'를 쓴다.

낚시바늘에 걸린 물고기가 빠져나가려고 애를 쓰지만 결국 그럴 수 없는 것은 역으로 자리 잡고 있는 또 하나의 갈고리 미늘이 붙잡고 있기 때문이다. 처음 미늘을 만든 사람은 누구였을까, 어떻게 미늘을 생각해 냈을까?

사람을 만나다 보면 미늘을 느낄 때가 있다. 누군가를 대하는 태도나 마음 외에 또 다른 마음을 지니고 있다는, 속내를 떠보고 있다는 느낌을 받을 때가 있다. 겉으로야 여전히 웃고 여전히 친절하지만 말이다.

미늘은 미끼에 가려 잘 보이지가 않는다. 바늘 끝에 비하면 두드러진 것도 아니다. 그럴수록 미늘은 서늘한 느낌으로 다가온다. 마음속에 숨어 날카롭게 꼬부라진 부분, 모루 위에 올려놓고 망치질을 하여 미늘을 없앨 일이다.

26

달팽이

오랜만에 달팽이를 보았다. 어릴 적 흔하게 보았던, 제법 큰 달팽이였다. 돌돌 감긴 황금빛 껍데기를 등에 지고 부지런히 길을 가고 있었는데, 왜 그랬을까 예쁘다는 생각이 들었다. 어디 정한 곳이 있는 것인지 머리에 달린 두 개의 더듬이로 연신 사방을 더듬으며 방향을 찾는 듯했다.

달팽이의 더듬이는 두 쌍이다. 큰 더듬이 끝에는 눈이 한 개씩 있고, 작은 더듬이 사이에 입이 있다. 입에는 까칠까칠한 이가 있어 풀잎이나 이끼 등을 먹는다. 달팽이를 보면 하나님이 유머가 참 많으신 분이라는 걸 생각하게 한다. 어찌 달팽이를 만드실 생각을 했을까. 구조나 형태가 생존과는 상관없이 심미적이다 싶어 저런 모습으로 어찌 사나 싶은데, 달팽이에게도 있을 것은 다 있는 셈이다. '너나 걱정해', 달팽이는 자신을 보며 걱정을 하는 이들에게 그렇게 말하는 것인 지도 모른다.

지나가는 달팽이를 보고는 장난기가 동해 마른 풀잎을 찾아 더듬이를 건드렸다. 걸음은 그리 더디더니 더듬이를 감추고 몸을 움츠리는 속도는 어찌 그리 빠른 지, 웃음이 절로 났다. '미안, 장난이었어!' 하며 잠시 기다리자, 달팽이는 '내 그럴 줄 알았어' 하듯이 움츠렸던 몸과 더듬이를 다시 펴고는 자기 길을 가기 시작했다. 온몸이 투명해 보여 무엇으로도 자신을 지킬 것이 없는 것처럼 보이는 달팽이, 그럴수록 달팽이는 자기만의 속도로 간다.

달팽이를 들여다보다가 마음으로 인정한다. 그래, 네가 맞겠다, 속도보다는 방향이 중요하지, 우리가 잃어버린 것 중에는 예민한 더듬이가 있어, 누군가를 흉내내지 않고 자기 걸음으로 가는, 방향이 정해졌으면 온몸으로 가는, 가만 쪼그리고 앉아 달팽이가 들려주는 가르침을 마음으로 받는다.

27

농부의 알파벳

사막 교부들의 금언 중 아르세니우스Arsenius와 관련된 것
이 있다. 어느 날 압바 아르세니우스Abba Arsenius가 어떤
연로한 이집트 수도승에게 자기 생각들에 관해 조언을 구
했다. 누군가 그것을 알고 그에게 물었다.

"압바 아르세니우스, 그렇게 훌륭한 라틴어 교육과 그리스
어 교육을 받은 압바Abba가 어째서 이 농부에게 당신 생각
들에 관해서 묻는 것입니까?"

아르세니우스가 대답했다.

"나는 참으로 라틴어와 그리스어를 배웠지만 이 농부의 알
파벳조차 모릅니다."
누구를 대하든지 그에게서 새로운 알파벳을 배울 것, 아르
세니우스의 말을 그렇게 새긴다.

28

그래서 어렵다

처음으로 그 말을 듣던 때의 떨림을 지금도 기억한다. 나직한 목소리, 그러나 울림은 묵중했다.

숙능탁이정지서청 孰能濁以靜之徐淸.

《도덕경》에 나오는 말로 '누가 능히 흐린 것들과 어울리기 위하여 자신을 흐리게 만들어 고요함으로써 더러움을 천천히 맑게 해줄 수 있겠느냐'는 뜻이었다. 문득 아뜩하면서도 환했다.

어려울 것이 없다.
그래서 어렵다.

29
아름다운 슬픔

네안데르탈인의 유골을 조사하던 과학자들이 뜻밖의 성분을 발견하게 되었는데, 꽃가루였다. 네안데르탈인의 유골 곁에 있는 흙에서도 다량의 꽃가루가 발견되었다. 대체 꽃가루의 의미는 무엇일까, 과학자들은 다음과 같이 추정을 했다.

네안데르탈인들은 같이 살던 누군가가 죽으면 죽은 이를 야생의 꽃이불 위에 눕히고 그 위를 다시 꽃으로 덮었던 것 같다. 죽은 이를 아무렇게나 버리거나 처리한 것이 아니었다. 사방에 피어난 온갖 꽃을 따서 바닥을 장식한 후에 죽은 이를 눕히고, 다시 그 위를 꽃으로 수놓았을 것이다. 자연에서 와서 자연으로 돌아가는 이를 아무렇게나 돌려보내지 않았을 것이다.

《낙타는 십리 밖 물 냄새를 맡는다》라는 책을 쓴 허만하 시인은 그 일을 두고 '짐승 같은 그들이 발견한 아름다운 슬픔'이라고 했다. 짐승 같은 그들이 발견한 아름다운 슬픔,

어울리기 힘든 단어들이 어울림으로써 아름다움은 거칠지만 섬세하고 눈물겨운 의미를 얻게 된다.

어디 네안데르탈인뿐일까? 세상 어떤 존재든 자기만의 아름다움을 지니고 있고, 그것을 표현하는 방식이 있다. 세상에 눈부시지 않은 존재가 어찌 따로 있겠으며, 그 아름다움을 노래하는 것이 어찌 시인이나 가객만의 몫이겠는가?

살아가는 방식이 나와 다르다고 무시해서는 안 될 일이다. 짐승은 물론 짐승 같은 이들도 아름다움을 표현한다. 아름답게 표현한다. 누구도 모를 원시의 아름다움이 그들 안에서 일렁인다.

30

하나님의 천칭天秤

'한 사람이 소중합니다'라는 제목으로 말씀을 나누던 시간,
천칭 이야기를 했다. '천칭天秤'은 '천평칭天平秤'의 약자로,
가운데의 줏대에 걸친 가로장 양쪽 끝에 저울판을 달고, 한
쪽에 달 물건을 놓고 다른 쪽에 추를 놓아 물건의 무게를
재는 저울의 일종이다.

하나님의 천칭은 세상의 천칭과는 다를 것이다. 세상의 저
울은 양쪽의 무게가 다를 경우 금방 저울이 반응한다. 저울
의 한쪽은 솟고 한쪽은 가라앉는다. 하지만 하나님의 천칭
은 다르다. 천칭 한쪽에 단 한 사람이 서고 반대편에 백 사
람이 선다고 해도 저울은 한쪽으로 기울지 않을 것이다. 아
무런 흔들림도 없이 수평을 유지할 것이다.

설마 하늘의 저울이 고장이 났을까, 그렇게 생각하는 데는
이유가 있다. 한 사람을 향한 하나님의 사랑이 무한하기 때
문이다. 내 짧은 지식으로는 무한대는 무한대일 뿐이다. 무
한대에 무한대를 더한다고, 무한대에 무한대를 곱한다고

달라질 것이 없다.

한 사람의 소중함을 그렇게 새길 수 있었으면, 하나님의 천
칭을 신뢰할 수 있었으면!

31
어느 날의 기도

당신의 우물은 너무 깊어 내 두레박이 닿지 못합니다.

허공의 두레박을 채우는 것은 당신의 은총입니다.

6월

1
하마터면

어느 날 아침 하마터면 큰 실수를 할 뻔했다. 새벽기도를 마친 후 목양실 책상에 앉아 있다가 창문을 통해 할머니 두 분이 예배당 마당에서 나오는 모습을 보았다. 그런데 한 할머니의 손에 검정색 비닐봉투가 들려 있었다. 그 모습을 보는 순간 아차 싶었다. 순간 나는 큰 실수를 할 뻔했던 것이다. 할머니들이 나오는 모습을 대하기 전, 할머니 두 분이 예배당 마당으로 들어서는 모습을 보았던 터였다. 두 사람은 예배당 앞 화단 쪽으로 갔다. 그런 할머니들의 모습을 유심히 바라본 데는 이유가 있었다. 예배당 화단에 심어 놓은 꽃을 누군가 캐서 간다는 이야기를 들었던 것이다. 귀한 꽃을 골라 캐서 간다니 어찌 그럴 수가 있을까 싶었고, 어떻게 막을 수 있을지 고심하고 있던 터였다. 그런 중에 검은 비닐봉투를 들고 예배당 마당으로 들어서는 이가 있으니 어찌 긴장을 하지 않을 수가 있겠는가? 그것도 새벽시간에 말이다. 유심히 바라볼 수밖에 없었는데, 파고라(정자亭子) 아래

벤치에 앉아 잠시 이야기를 나누던 할머니들이 이야기를 마치고는 자리에서 일어났고, 다시 돌아가고 있는 중이었던 것이다.

만약 할머니들의 나오는 모습만 보았다면, 마당으로 들어서는 모습을 보지 못했다면, 의자에 앉아 이야기를 나누고 일어서는 모습을 보지 못했다면, 돌아서는 한 할머니의 손에 검정 비닐봉투가 들려 있는 모습만 보았다면, 나는 돌이킬 수 없는 실수를 했을 것이다.

봉투 속에 꽃이 담겨 있을 것이라 지레짐작을 하며 비닐 속에 무엇이 들어 있는지를 할머니들께 물었을 것이었다. 아무리 점잖게 이야기를 한다 할지라도 교회의 담임목사가 그렇게 생각하고 묻는다는 것은 할머니들께 불쾌하기 그지없고 적잖은 상처가 될 수 있는 일, 온 동네에 소문이 날 일, 치명적인 실수를 할 뻔 했던 것이었다.

'도둑을 맞으면 어미 품도 들춰본다'는 속담이 있다. 도둑을 맞은 사람 눈에는 모든 이들이 다 도둑처럼 보인다. 모두가 수상쩍기 마련이다. 세상은 어떤 마음으로 보느냐에 따라 다르게 보이는 법이어서 선한 마음으로 보면 믿지 못할 사람이 없고, 의심하는 마음으로 보면 믿을 사람이 없는 법이다. 오늘 아침, 하마터면 나는 어미 품을 들춰볼 뻔했다.

2

향기로 존재를

새벽기도회를 마치고 목양실에 올라와 앉으면 세상이 고요
하다. 아직 만물이 깨어나지 않은 시간, 시간도 마음도 고요
해진다. 설교를 준비하기에도 좋고, 글을 쓰기에도 좋고, 책
을 읽기에도 좋은, 가히 아낄만한 시간이다. 때로는 음악을
듣기도 하지만, 그것조차 고요함을 깨트린다 싶으면 얼마
든지 삼간다.

며칠 전이었다. 그날도 새벽기도회를 마치고는 목양실로
올라와 책상에 앉아 원고를 쓰기 시작했는데, 어디선가 알
수 없는 향기가 전해졌다. 이제까지 몰랐던 향기였다. 향기
도 흔한 향기가 아니었다. 애써 자신의 정체를 드러내지 않
으려고 하는, 그러느라 무심결에 드러났다 잠깐 사이 사라
지는 향기였다. 내가 맡은 것은 그런 향기의 뒷모습이지 싶
었다. 그럴수록 향기는 예사롭지가 않았다. 마음을 베는 듯
뭔가 날카롭고도 깊은 느낌을 주었는데, 무디고 마른 감각
을 일깨우는 향기였다.

내 방에 들어온 낯선 향기, 나는 자리에서 일어나 향기의 근원을 찾아보기로 했다. 향기의 근원을 찾다니, 이런 일도 다 있구나 싶었다. 처음 맡은 향기였고 짐작되는 것이 아무것도 없는 향기였지만 의외로 향기의 근원을 찾아내는 일은 어렵지 않았다.

목양실 창가 쪽에는 화분이 몇 개 있는데, 못 보던 화분 하나가 눈에 띄었다. 한창 꽃을 피운 난이었다. 유난히 키가 작은 화분에서 꽃대가 올라와 꽃을 피웠는데, 꽃의 빛깔도 범상치 않았다. 검은 빛을 머금은 진한 붉은색이었다. 고혹적인 탱고 춤사위를 떠올리게 하는, 방금 맡은 향기와 그럴 듯이 어울리는 빛깔이었다. 얼굴을 가까이 대고 맡으니 방금 전에 맡았던, 바로 그 향기가 그 꽃에서 났다.

알고 보니 권사님 한 분이 전한 것을 사무 간사가 올려놓은 것이었다. 며칠간 집회를 인도하고 돌아와 화분을 전했다는 것도, 창가 쪽에 놓아두었다는 것도 아직 몰랐던 것이었다.

향기 만큼이나 나를 즐겁게 한 것이 있다. 자신의 존재를 향기로 알리는 것이 세상에 있다니 말이다!

3
전도는 전도다

제자들이 길에서 다퉜다. 누가 가장 높은 지를 두고서. 설마 모르시겠지 했지만 예수는 알았다. 무슨 일로 다퉜는 지를 묻자 제자들은 유구무언有口無言이다. 다투기 바로 전, 예수는 당신이 당해야 할 고난을 일러주신 터였으니, 스스로 생각해도 부끄러웠을 것이다.

그런 제자들에게 예수는 말씀하신다.

"첫째가 되고자 하면 그는 모든 사람의 꼴찌가 되어서 모든 사람을 섬겨야 한다."

그런 뒤 어린이 하나를 가운데 세운 다음 그를 껴안으며 "누구든지 내 이름으로 이런 어린이들 가운데 하나를 영접하면, 그는 나를 영접하는 것이요, 누구든지 나를 영접하는 사람은 나를 영접하는 것보다 나를 보내신 분을 영접하는 것이다"라고 말한다.

꼴찌가 되라는 것은 세상의 기준과는 정반대다. 어린이를 영접하라는 것도 세상 물정과는 거리가 멀다. 영향력 있는 사람을 대접하는 일이라면 모를까, 어린이를 영접하라니 말이다. 한 자료에 의하면, 아람어로 '어린이'는 '종'과 같은 의미를 가진 말이다.

전도는 전도다. 전도傳道는 전도轉倒인 것이다.
가치의 전도顚倒에서 진정한 전도傳道가 시작된다.

4

같은 길을 가면서도

예수와 길을 가면서 누가 가장 높은 지를 다퉜던 제자들,
모르실 거라는 제자들의 생각과는 달리 예수는 어떤 일이
있었는 지를 알고 있었다. 제자들이 서로 다퉜다는 것도, 무
얼 두고 다퉜는 지도 모두 알고 있었다. 주님은 우리가 기
도를 해야 우리에게 어떤 일이 있었는 지를 겨우 알아차리
는 분이 아니다.

'낮말은 새가 듣고, 밤말은 쥐가 듣는다'는 속담이 있다. 새
가 없는 곳에서 말하면 되고, 쥐가 없는 곳에서 말하면 아
무도 모를 거라 생각하는 것은 얼마나 어리석은 일인가.
어디서 무슨 말을 하든 새와 쥐가 듣는 것이라면, 새와 쥐
를 만드신 분이 우리가 하는 말을 모두 듣는 것은 지당한
일이다. 기도를 들으시는 주님은 우리가 어디에서 어떤 말
을 하건 모두 들으신다. 유익한 말도 듣고, 무익한 말도 들
으신다.

제자들은 예수와 같은 길을 가고 있었지만, 예수와 함께 가는 것이 아니었다.

우리는 얼마든지 같은 길을 가면서도 함께 가지 않을 수가 있다.

5

다만 당신께로 갈 뿐입니다

비행기를 모는 항공기 조종사 출신인 장로님에게 'Equal-Time Point'에 대해 이야기를 들은 적이 있다. 삶의 경험이 전혀 다른 분들을 만나면 귀담아 들을 이야기가 많다. 이분이 들려주는 비행기 혹은 비행에 관한 이야기는 신선했고 재미있었다. 평소에 궁금했던 것들을 들을 수 있는 좋은 기회이기도 했다.

그동안 궁금했던 것 중의 하나가 '불환귀점'이었다. 언젠가 읽은 글에 불환귀점이라는 말이 있었다. 청년부 수련회에서는 그 말을 인용하기도 했는데, 그 말이 맞는 것인지 자신이 없었다. 사전에서 찾을 수가 없는 말이었기 때문이다. 내가 읽은 글에서는 '불환귀점'을 비행기가 일정한 지역을 지나가면 남아 있는 연료의 양 때문에 출발지로 귀환하는 것은 불가능하고 목적지로만 날아갈 수밖에 없는 한 지점을 의미한다고 되어 있었다. 신앙적으로도 의미 있다 여겨져 기억하고 있었는데, 그날 장로님으로부터 들었던 말이

'ETP'였다.

장로님 대답에 의하면 '불환귀점'에 해당하는 전문 용어가 있었는데, 바로 'ETP'였다. 'Equal-Time Point'의 약자였는데, 이 말을 직역하여 '등시점等時點'이라 옮긴 곳도 있었다. 'ETP'는 '목적지까지 가는 시간과 출발지로 회항하는 시간이 같은 지점'을 의미하는 말로, 유사시 바람의 방향 등을 고려하여 운항을 결정할 때 중요한 근거가 된다. 'ETP'를 확인하여 출발지로 돌아갈 것인지, 목적지 또는 대체 비행장에 착륙할 것인지를 결정해야 하기 때문이다. 방향을 어디로 정할지 결정하는 기준이 거리가 아니라 시간인 데에도 이유가 있었다. 비행기 연료의 소모량은 거리를 기준해서가 아니라 시간에 의해 결정이 되기 때문이었다.

어쩌면 신앙이란 'Equal-Time Point'를 지나는 것인 지도 모른다. 다시는 이전 시간으로 돌아갈 수 없어요, 다만 당신께로 갈 뿐입니다, 그런 마음이 신앙이라면 말이다.

6

잊을 수 없는 만남

그날 밤의 만남은 잊을 수 없는 시간으로 남아 있다. 먼 곳을 다녀오는 길이었다. 돌아오는 중에 급한 전화를 받았다. 권사님 아들이 다쳐 수술을 받고 있다는 것이었다. 집으로 오는 대신 병원으로 달려갔다. 권사님을 만난 것은 수술실 앞이었다. 순대 만드는 일을 하는 아들이 기계를 청소하던 중에 손이 기계에 빨려 들어간 것이었다. 기계를 멈췄을 때는 이미 많이 으스러진 상태, 이야기를 듣는 것만으로도 몸서리가 쳐졌다. 내가 그러니 어머니 마음은 어떠실까, 수술실 앞에서 시간을 같이 보내기로 했다.

시간은 더디 무겁게 흘러갔다. 어느 순간 중 권사님이 당신 살아오신 이야기를 했다. 언젠가는 꼭 하고 싶었던 이야기라고 했다. 참으로 신산辛酸했던 삶, 권사님은 마치 고해성사告解聖事를 하듯 당신이 살아오신 지난 시간을 모두 이야기했다. 얼굴이 고우셔서 누가 보아도 이 분께 무슨 근심걱정이 있을까 싶은데, 권사님의 인생은 굽이굽이 눈물 어린

가시밭길이자 험곡險谷이었다. 권사님의 목소리는 낮고 차분했지만, 눈물에 젖은 내용들이었다.

아들이 수술을 받는 동안 수술실 앞에서 담임 목사에게 털어놓는 지난 시간들, 이야기를 모두 들은 뒤 나는 권사님께 진심 어린 마음으로 말씀을 드렸다.

"부족한 사람을 믿고 지난 이야기를 해주셔서 고맙습니다. 오늘 이야기는 제 마음에만 담아 둘게요. 그리고 권사님께 꼭 드리고 싶은 말이 있어요. 오늘 이야기를 들었다고 해서 권사님을 바라보는 제 마음은 전혀 달라지지 않을 거예요. 권사님은 제게 변함없이 소중한 분입니다."

자정이 넘어서까지 이어진 이야기, 많은 시간이 지나갔지만 내게는 화인처럼 남아 있다. 어쩌면 권사님도 마찬가지 아닐까 싶다. 이야기 속에는 슬픔을 이길 수 있는 힘이 있는 법, 이야기를 나눴던 수술실 앞 그 시간이 부디 상처와 아픔을 덮는 따뜻한 위로로 남기를!

7
끝까지 외롭고 불쌍한 권정생이라니!

독일에서 살 때 몇 분 손님들과 함께 덴마크를 다녀온 적이 있다. 프랑크푸르트Frankfurt에서 자동차로 9시간 정도를 달리자 덴마크 땅이었다. 동행한 분들은 아무런 검문이나 검색 없이 국경을 통과하는 것을 너무나도 신기하게 생각했다.

덴마크를 찾은 중요한 목적 중의 하나가 오덴세Odense 방문이었다. 오덴세는 동화작가 안데르센의 고향이다. 클림트와 모차르트를 빼고 비엔나를 생각하기가 어렵듯이, 오덴세 또한 안데르센을 빼고는 말할 수가 없는 도시였다. 골목 구석구석까지 안데르센으로 가득 차 있었다. 안데르센이 죽었을 때 덴마크의 모든 국민들이 상복을 입고 애도했을 만큼 그를 아끼고 사랑했다니 당연한 일이겠다 싶기도 하다.

안데르센 기념관에는 안데르센에 관한 온갖 자료가 전시되어 있었다. 가난한 구두수선공의 아들로 태어나 어떻게 성

장했는지, 어릴 적에 그가 그렸던 그림들과 종이를 오리는
데 사용한 가위까지 전시되어 있었다. 밧줄도 있었는데, 사
연이 재미있었다. 여행을 좋아했던 안데르센은 언제라도
화재가 나면 밧줄을 타고 탈출하려고 늘 밧줄을 챙겨 다녔
다는 것이다.

넓은 잔디밭에 조성된 야외공연장에서는 안데르센의 동화
가 뮤지컬로 공연되고 있었다. 세계 각처에서 찾아온 관광
객들은 물론 주변에 사는 이들이 아기들을 데리고 나와 잔
디밭에 편히 앉아 안데르센의 이야기에 빠져드는 시간을
즐기고 있었다. 그날 나는 전시관에 놓인 방명록에 이렇게
적었다.

"이야기 속에는 꿈이 있네요. 사랑도 있고요. 왜일까요, 이
곳에서 권정생 선생님이 그리워지는 건요."

경상북도 안동시 일직면 조탑리에는 작은 흙벽돌집이 있다. 창고라 부르기에도 허름해 보이는, 지극히 작고 낡은 흙벽돌집이다. 그 집의 주인은 지금 집에 없다. 방에 들어온 생쥐한테도 먹을 것을 나눠주는 삶을 살다가 하늘나라로 떠났기 때문이다. 시골교회 예배당 종지기로 살면서 자기처럼 가난하고 불쌍한 것들을 눈물 어린 마음으로 바라보며 빛나는 동화를 썼던, 바로 권정생이 살던 집이다.

권정생은 정말로 비렁뱅이였다고 한다. 폐병에 걸린 거지여서 지금도 권정생을 만났던 사람들은 그를 문전걸식門前乞食을 하던 사람으로 기억하고 있다는 것이다. 그러다가 종을 치는 조건으로 일직교회 구석방 하나를 얻었다는 것이었다.

또 하나, 마음 아픈 이야기도 있었다. 권정생이 남긴 전 재산과 그 앞으로 나오는 인세 모두를 북한 어린이를 돕는 일에 쓰도록 했다는 이야기를 듣고는 그 일을 못마땅하게 여

긴 마을 주민들이 반대를 하는 바람에 결국은 권정생 기념
관이 조탑리에 세워지지 못하게 되었다는 것이었다.

오덴세와 조탑리는 너무도 대조적이다. 극과 극처럼 다르
다. 권정생에겐 차라리 덩그마니 버려진 듯 남아 있는 조탑
리 흙집이 잘 어울린다 싶기도 하지만, 아무리 그래도 아프
고 슬프다. 외롭고 불쌍한 것들 품고 살더니, 끝까지 외롭고
불쌍한 권정생이라니!

8
사람이 소로 보일 때

전해져 오는 이야기 중에 이런 이야기가 있다. 옛날 옛적 사람이 이따금씩 소로 보일 때가 있었다. 분명 소로 알고 때려 잡아먹고 보면 제 아비일 때도 있고 어미일 때도 있었으니 기가 막힐 노릇이었다.

한 번은 한 사람이 밭을 갈다가 비가 쏟아져 처마 밑으로 들어가 잠시 비를 피하는데, 송아지가 따라 들어오더란다. 돌로 때려 잡아먹고 보니까 웬걸, 하나밖에 없던 아우였다. 너무도 어이가 없어 엉엉 울었지만 이미 엎질러진 물, 소용이 없는 일이었다.

그는 괴로운 마음에 보따리를 싸 들고 길을 떠났다. 사람이 소로 보이지 않고 사람으로만 보이는 곳을 찾아 길을 나선 것이다. 넓은 세상을 이리저리 헤매고 다니느라 강물에 떠내려가 죽을 고비를 넘긴 적도 있고, 깊은 산속에서 길을 잃어 호랑이의 밥이 될 뻔도 했다.

어느새 그의 얼굴에는 주름이 잡히고 머리가 하얗게 새었다. 어느 날 파란 바람이 부는 한 마을에 이르렀는데 그곳 사람들은 사람을 소로 보아 잡아먹는 일 없이 너무나도 평화롭고 행복하게 살고 있었다. 오래도록 찾아 헤매던 바로 그런 마을을 만난 것이었다.

나그네는 마을 어귀에서 만난 노인에게 말을 걸었다. "이곳 사람들은 사람을 소로 알고 잡아먹는 일이 없으니 희한하군요." 그러자 그 노인은 껄껄 웃으며 "웬걸요. 우리도 옛날에는 사람을 소로 알고 잡아먹는 일이 이따금 있었는데, 사람들이 파를 먹으면서 눈이 맑아져 사람이 사람으로 보이고 소가 소로 보여서 그런 일이 없어졌답니다." 하는 게 아닌가. 나그네는 '파'라는 말을 처음 들었다. 노인은 그를 데리고 파밭으로 가서 파를 보여주었는데, 파 씨를 얻은 나그네는 그 길로 고향으로 돌아왔다.

집에 돌아오자마자 그는 자기 집 텃밭에 파 씨를 심었다. 오랜만에 돌아온 그를 만나려고 이웃의 친구들이 찾아오자

반가운 마음에 "어서들 오시게. 내가 보고 온 세상 이야기를 들려주지." 일어서서 맞이하려는데 친구들 눈에는 그가 소로 보였다. "웬 소가 이상한 소리를 내는군!" 하면서 도끼를 번쩍 드니 "아니야, 나는 소가 아니라 자네들의 친구일세." 소리를 쳤지만 소용이 없는 일이었다. 결국 그는 친구들의 손에 죽임을 당하고 말았다.

얼마 후 텃밭에서는 파란 싹이 돋기 시작했다. 사람들은 향기에 이끌려 파를 뜯어먹었다. 그런데 파를 먹은 사람들은 눈이 맑아져서 더이상 사람을 소로 보는 일이 없어졌고, 그후로는 아무도 사람을 소로 알고 잡아먹지 않았다고 한다.

사람을 사람으로 보게 하는 힘이 어찌 채소 파에 있을까, 필시 파를 먹고 눈물을 흘렸기 때문일 것이다. 사람을 소로 보고 서로를 잡아먹는 끔찍한 시간을 끝낼 수 있는 것은 우리가 서로 뜨거운 눈물을 흘릴 때이다.

사람을 사람으로 대하지 못하는 것은 이야기 속 옛날이나 지금이나 매한가지, 사람을 사람으로 대할 수 있는 길이 잃어버린 눈물을 되찾는 데 있다는 우리의 옛 이야기가 오늘 우리들의 이야기로 다가왔으면 좋겠다.

9
어느 날의 기도

당신의 말씀은 맹렬히 타는 불,
그런데도 여전히 멀쩡한 나는 누구입니까?
당신의 말씀은 바위를 부수는 망치,
그런데도 여전히 태연한 나는 누구입니까?
말씀 앞에서 무엇 하나 달라지지 않는,
대체 나는 누구란 말입니까?

– 예레미야 23장 29절을 읽으며

10

한 존재를 떠올리는 것만으로도

한창 피었던 난 꽃이 졌다. 붉고 진한 향기를 전하더니 이제는 시들어버리고 말았다. 언제 향기를 전했냐고 시치미를 떼듯이 누렇게 말라버리고 말았다. 아직도 더 마를 것이 있다는 듯 꽃의 형체는 변함이 없지만, 시든 꽃에서는 더이상 향기가 나지 않는다.

무거우면서도 날카롭게 코끝을 찌르던 향기였다. 자리에서 일어나 향기의 근원을 찾지 않고는 배길 수 없게 만들었던 향기이기도 했다. 깊이를 알 수 없는 지하 어둠 속에서 시간을 잊고 포도주 빛깔을 익히듯이 향기는 은근하고도 깊었다. 분명 향기는 사라졌다. 시든 꽃에서는 어떤 향기도 전해지지 않는다. 하지만 향기는 아주 사라지지 않았다. 처음에 맡았던 향기를 마음으로 떠올리면 향기는 조용히 기억 속에 살아온다. 사라져도 아주 사라지지 않은 향기가!

한 존재를 떠올리는 것만으로도 향기를 맡을 수 있다는 것, 잠깐 피었다 사라진 난향이 준 특별한 선물이었다.

11
오디가 익는 계절

피기도 전에 잘리는 담배 꽃 이야기를 듣고는 담배 꽃이 보고 싶다는 권사님이 있었다. 담배 꽃엔 예수님의 십자가와 어머니의 희생이 담겨 있는 것 같다고, 한 번도 본 적이 없는 담배 꽃을 보고 싶어 했다.

담배 꽃이 피었는 지를 물어 단강을 찾았을 때, 담배 밭 초입에 선 뽕나무에는 오디가 잔뜩 달려 있었다. 보기만 해도 군침이 도는 까만 오디가 종알종알 가지마다 가득했다. 바닥에도 까맣게 떨어진 것이 널려 있었으니 오디는 익을 대로 익은 것이었다. 저만치 핀 담배 꽃은 뒷전, 우리는 오디부터 따먹기 시작했다. 손과 입이 금방 까맣게 변했는데, 그런 서로의 모습을 보며 아이들 같이 웃어댔다.

오디를 따먹다 보니 어릴 적 소리가 한 말이 생각났다. 초등학교에 입학한 소리가 어느 날 학교를 다녀오더니 물었다.

"아빠, 뽕나무를 보지 않고도 오디가 익은 줄 어떻게 아는
지 알아요?"

오디가 익었는 지를 확인하려면 뽕나무를 보는 일이 당연
한 일, 그런데 나무를 보지 않고도 오디 익은 걸 알 수 있다
니 무엇일까 궁금했다.

"새똥을 보면 알아요, 새똥이 까매지면 오디가 익은 거예
요."

오디를 따먹은 새가 똥을 누면 새똥의 색깔이 오디 빛깔,
새똥만 살펴도 오디 익은 걸 알 수가 있다는 것이었다. 자
연 속에서 자연을 관찰하며 자라는 아이만이 할 수 있는 이
야기였던 것이다. 다시 한 번 오디가 익는 계절이 왔다. 오
디가 달린 뽕나무 앞에서는 내남없이 모두 아이가 된다.

12
눈물 뒤

저녁 내내 비와 천둥 사납더니,
이 밤 달이 환하다.

눈물 뒤 마음 가볍듯이.

13

그끄저께와 그글피

김중식의 시를 읽다가 '그끄저께'라는 말을 만났다. '그끄저께'라는 말은 마치 광 속 어딘가에 처박혀 있다가 우연히 나타난 옛 물건처럼 다가왔다. 하지만 먼지를 닦아내듯 생각을 가다듬자 이내 익숙한 표정을 지었다. 어릴 적 어렵지 않게 쓰던 말이었다.

사전에서는 *그끄저께*를 '그저께의 전날. 오늘로부터 사흘 전을 이른다.'고 설명한다. 재재작일再再昨日, 삼작일三昨日이라는 유의어도 있는데, 한문이라 그런지 영 낯설게 여겨진다.

손가락을 꼽으며 '오늘'부터 하루씩을 거꾸로 불러본다. 오늘-어제-*그끄제*(그제)-*그끄저께*(그끄제), 마치 아이들이 놀이를 위해 줄을 서듯 시간이 한 줄로 늘어선다.

재미있다 싶어 이번엔 하루씩 앞으로 가 보기로 한다. 오늘-내일-모레-글피-그글피, 오늘 앞으로도 제법 줄이 길다. 그렇다, 우리가 하던 말 중에는 그글피도 있었다. 그글피는 글피의 다음날, 오늘로부터 나흘 앞을 이르는 말로, 어릴 적 우리들의 약속은 얼마든지 그글피로 정해지기도 했다.

'오늘'을 중심으로 하루 씩을 앞뒤로 부르고 나니 각각의 날이 빙긋 웃는 듯하다. 오랜만에 나를 부르네, 하는 투다. 그끄제, 그끄저께, 글피, 그글피, 오랜만에 되뇌는 말들은 입 안과 기억 속을 정겹게 구른다. 마치 고향 뒷산 잔디가 곱게 자란 경사진 산소를 데굴데굴 굴러내리는 것 같다.

이어지는 생각이 있다. 하필이면 '내일'이라는 우리말이 없는 것일까? 설마 희망이 없었기 때문은 아닐 터, 본디 없지는 않았을 터, 언제부터 잃어버린 것일까? 있었다면 당연히 그 말을 찾아내든지, 혹시라도 없었다면 지금이라도 살려내든지 해야 할 것 아닌가.

요즘은 왜 그끄저께나 그글피와 같은 말을 사용하지 않는 것일까? 3일 전이나 4일 후처럼 시간을 숫자로 대신하고 있기 때문일까, 아니면 기억이나 꿈의 한계가, 시간에 대한 인식의 범위가 짧아진 탓일까….

그러고 보니 *그끄*저께 어떤 일이 있었는지가 떠오르질 않는다. 그글피에 어떤 약속이 있는지도 마찬가지다. 어쩌면 우리는 *그끄*저께와 그글피를 잃어버린 채 좁다란 시간 속에 갇혀 살고 있는 것인지도 모른다.

14

그리움이 담긴 다리

영주의 월영교月映橋는 2003년에 개통된 387m 길이의 다리로, 국내에서는 가장 긴 목책 인도교로 알려졌다. 안동댐 건설로 수몰된 월영대를 옮겨온 내력과, 월곡면(음달골)이라는 지명을 참조로 해서 시민들이 지은 이름이란다.

달빛이 비치는 다리라니, 다리의 모양도 이름도 시적이다 싶었다. 다리 한가운데에 자리 잡은 월영정月映亭은 강물과 바람과 햇살이 맘껏 어울리는 곳, 난간에 둘러앉아 정담을 나누는 사람들의 모습이 참으로 정겨워 보였다. 밤에 찾아와 달과 강물이 어울리는 모습을 바라보면 얼마나 그윽할까 싶었다.

주변 풍광의 아름다움도 아름다움이었지만 월영교를 더욱 아름답게 하는 것은 따로 있었다. 월영교는 아름다운 이야기를 담고 있는 다리였다. 조선 중기 원이 엄마와 그 남편 사이의 숭고한 사랑을 간직한 다리였던 것이다. 먼저 간 남편을 위해 자신의 머리카락을 한 자락씩 뽑아 한 켤레의 미투리를 지은 지어미의 애절하고 숭고한 사랑을 담아서, 다리를 미투리 모양으로 만들었기 때문이다.

자신의 머리카락을 뽑아 미투리를 만들면 먼저 떠난 남편이 그 신을 신고 꿈에라도 한 번 찾아오지 않을까 빌었던 것이라면 한 올 한 올에 담은 그리움은 얼마나 깊은 것이었을까? 그런 지극한 사랑과 그리움이 담긴 다리이니 세상 어느 다리가 월영교보다 아름답고 그윽할 수 있겠는가. 다리를 건너기만 해도 뭉뚝뭉뚝 그리움이 물드는 것만 같았다.

15

미무미

갈수록 많은 것들이 자극적이 되어 간다. 맛도 그렇고, 말도
그렇고, 일도 그렇다. 어려운 시절일수록 눈물이 날 만큼 매
운 맛이 인기란다. 웬만한 말엔 사람들이 귀를 기울이지 않
아서일까, 상스럽고 거친 말들이 난무를 한다. 이해할 수 없
는 일들이 갈수록 늘어난다. 교회라고 예외가 아니어서 엉
뚱한 이가 본회퍼를 들먹거리며 자신의 병든 탐욕을 가려
자신을 순교자로 삼으려고도 한다.

이런 세상에 나직한 목소리로 다가오는 옛말이 있다. '미무
미'라는 말이다. 《도덕경》 63장에 나오는 말로, '위무위 사
무사 미무미 爲無爲 事無事 味無味'에서 온 말이다.

'하지 않는 것으로 함을 삼고, 일없는 것으로 일을 삼고, 맛
없는 것으로 맛을 삼으라'는 뜻이다. 그렇게 하면 크고 작
고 많고 적음에 원怨을 덕德으로써 갚는다는 것이다.

맛없는 것으로 맛을 삼으라니, 자극적인 것이 아니면 관심을 갖지 않는 세상에서 '미무미'는 너무나 밋밋하게 들린다. '미무미'라는 말 자체가 아무 맛도 없이 입안을 맴돌지만, 그럴수록 마음에 새길 만한 가르침이다. 마침내 우리를 참된 자유로 이끌어 줄 것은 미무미처럼 모든 자극에서 벗어난 싱거운 것들일 것이기 때문이다.

16
어느 날의 기도

서둘러 절망으로 기우느니
게으름으로 거친 땅 일구게 하소서

헐값에 희망을 파느니
미련함으로 씨앗을 심게 하소서

17

수소와 산소

물이 산소와 수소로 이루어진 화학물질이라는 사실을 최초로 밝혀낸 사람은 프랑스의 화학자 앙투안 라부아지에 Antoine Lavoisier였단다. 1783년 라부아지에가 이 같은 사실을 발표했을 때 사람들은 크게 놀랐는데, 그때까지만 해도 사람들은 고대 그리스의 철학자 아리스토텔레스Aristoteles 가 주장한 대로 물이 세상을 이루는 기본적인 물질인 원소라고 믿고 있었기 때문이었다.

그러나 세상 사람들보다 더욱 놀란 사람은 그런 사실을 알아낸 라부아지에 자신이었다고 한다. 수소는 불을 붙이면 폭발하는 기체이고 산소 역시 불에 무섭게 타는 기체, 그러나 이 둘이 결합하면 불을 끄는 물이 된다는 사실을 알았을 때, 라부아지에는 자연의 신비에 전율하지 않을 수 없었다는 것이다.

지구의 70퍼센트 정도가 물이라 하고, 사람 몸의 70퍼센트 정도 또한 물이라 한다. 그런데 이 물은 불이 닿으면 폭발

하는 휘발성이 강한 기체로 이루어진 것이었다. 우주와 자연의 신비 앞에서, 내 몸 안에 담긴 신비 앞에서 나는 한없이 작아진다. 도대체 내가 제대로 아는 것이 무엇이 있단 말인가.

18
이제 우리 웃자고

"도대체 웃을 일이 없어." 그보다 쓸쓸한 말이 어디 있을까. 쓸쓸한 말이 어디 한둘일까만, 웃을 일이 없다는 것보다 더 쓸쓸한 말이 무엇일지 모르겠다.

도무지 웃을 일이 없던 한 사람이 있었다. 다 늙도록 아기를 낳지 못한 여인이었다. 이제 아기를 낳는다는 것은 생리적으로도 불가능하다. 아기도 낳지 못한 채 그의 몸은 늙고 말았다.

아기가 없다는 것이 웃음을 잃어버린 이유의 전부가 아니다. 그것이 겉으로 드러난 이유라면 마음 깊은 곳엔 숨은 이유도 있었다. 내게 주어졌던 약속이 소용없어지고 만 것이다. 너의 후손이 바다의 모래알처럼, 밤하늘의 별처럼 많아지겠다고 했던, 하나님이 주신 약속이었다. 혹시나 하며 기대했지만 역시나 소용없는 일이었다. 모래알은커녕, 별들은커녕 단 한 명의 자식도 잉태하지 못했던 것이다. 이제는 그 일에 대한 기대도, 가능성도, 믿음까지도 닫히고 말았다. 무얼 더 바란단 말인가. 더이상은 웃을 일이 사라지고 만 것이었다.

그러던 어느 날 집 앞을 지나가던 나그네가 극진한 대접을 받고는 과한 인사를 한다. 내년 이맘 때 아들을 낳을 것이라는 것이다. 장막 어귀에서 그 이야기를 들은 사라는 웃고 만다. "픔!" 하며 터져 나오는 웃음을 겨우 가렸을지도 모른다.

하지만 1년 뒤 사라Sarah는 정말로 아기를 낳는다. 거짓말처럼 할머니가 아기를 낳은 것이다. 아기에게는 이삭Isaac이라는 이름이 붙여진다. 이삭이란 웃음, 기쁨이란 뜻이다. 아기를 낳을 것이라는 말을 들었을 때에 기가 막혀 웃었던 사라가 정말로 좋아 웃으며 이렇게 말한다.

"하나님이 나를 웃게 하시니 듣는 자가 다 나와 함께 웃으리로다"(창세기 21:6).

278

그렇게 말하며 웃는 사라는 분명 입이 귀에 걸렸을 것이다. 우리에게도 불임의 시간이 있다. 꿈도, 선한 마음도, 신뢰도 소용이 없는 불임의 시간이 있다. 불임의 시간은 웃음을 빼앗아 간다. 불임의 시간에서 벗어날 수 있는 유일한 길은 생명의 탄생이다. 탄생은 태의 문이 열림으로 가능하다. 태는 긍휼이다. 인간의 몫이 아니다. 불임의 시간이 탄생으로 바뀔 때, 비로소 잃어버렸던 웃음을 되찾게 된다.

19
안락과 안락사

창문 저 밖

남의 가정은 다 안락해 보이고

창문 저 안

나의 가정은 다 안락사로 보이듯

공 여러 개를 얼마든지 허공에 던지고 받는 서커스 단원처럼, 언어를 다루는 시인의 솜씨가 일품이다. '창문 저 밖'의 남의 가정과 '창문 저 안'의 나의 가정이 '안락'과 '안락사'로 어울리고 있으니 말이다.

말장난이다 싶으면서도 마냥 가볍지만 않은 것은 그 속에 우리의 삶과 심리가 담겨 있기 때문이다. 다들 잘 사는데 나만, 우리만 왜 이 모양일까 싶을 때가 얼마나 많은가. 다들 행복한데 나만 불행하다고 느끼게 되는 기가 막힌 순간 말이다.

'창문 저 밖'과 '창문 저 안'은 다르다. '안락'과 '안락사'처럼 다르다. 그 괴리감은 우리의 마음을 창처럼 깊이 찌른다. 더는 창문 저 밖을 내다보지 않으려 검은 커튼을 치기도 하지만, 그럴수록 어두워지는 것은 내 마음이다.

뭐라 이해하기 힘들고 설명하기 힘든 순간을 만날 때마다 떠올리는 말이 있다. 내게는 노래 제목보다는 루터Luther가 성경을 번역한 바르트부르크 성Wartburg Castle 아래 바흐Bach의 생가를 찾을 때마다 마주했던 찻집 이름 '세라비Cèst la vie'가 그것이다. '이것이 인생이다!' 그 말을 창문 저 밖을 향해서도 창문 이 안을 향해서도 할 수 있을 때, 안락과 안락사의 경계는 슬그머니 사라지게 되는 것 아닐까.

20

족쇄

편함이 모이고 모이면 마침내 불편함이 된다.

쉬움이 쌓이고 쌓이면 마침내 쉽지 않음이 된다.

하루하루의 편함과 순간순간의 쉬움은 엉뚱한 곳으로 나를
이끌어 간다.

족쇄가 족쇄인 줄은 대부분 채워진 뒤에야 알게 된다.

21

민감함과 둔감함

새벽에 머리를 감은 뒤 빗질을 하는데, 뭔가 입 안에 까칠한 느낌이 있었다. 미세한 느낌이었지만 맞았다. 확인을 하니 머리카락이었다. 짧은 머리카락 하나가 입 안에 들어간 것이었다. 놀랍게도 혀는 입 안으로 든 작은 머리카락 하나를 느낌으로 감지해냈던 것이다.

우리는 많은 말을 하며 산다. 적지 않은 순간 무익한 말을 한다. 안 하면 더 좋을 말들을 쉽게 한다. 상처를 주고 실망을 주는 말들을 아무렇지도 않게 내뱉을 때가 있다.

작고 미세한 머리카락 한 올까지도 걸러내는 혀의 민감함과, 누군가에게 깊은 상처를 입히면서도 깨닫지 못하는 혀의 둔감함, 서로 다른 혀의 두 속성이라니!

22

태워버려야 할 것

드라마와 소설을 통해 우리에게 친숙한 인물로 다가온 이
가 있다. 허준이다. 허준과 유의태 사이에 있었던 일 중에는
다음과 같은 것이 있다.

유의태 문하에 들어온 지 얼마 되지 않은 허준에게 뜻밖의
일이 주어진다. 창녕에 사는 성대감의 아내 정경부인 심씨
의 병을 고치라는 유의태의 분부였다. 용하다는 숱한 의원
들이 찾았다가 하나같이 손도 쓰지 못하고 포기했을 정도
로 부인의 병은 깊고 위중한 상태였다. 양반 중에서도 양반
인 대감집인지라 함부로 대할 수 없는 일이었지만 유의태
는 허준의 사람됨을 알아보고 아들인 도지 대신 겨우 십여
명의 병자를 돌보았을 뿐인 의가의 풋내기 허준을 보낸다.
대감의 권세에 굴하지 않는 단호한 처신과 지극한 정성으
로 허준은 불가능해 보였던 정경부인의 병을 기적처럼 고
쳐낸다. 마치 약사여래불의 재림을 보듯 사람마다 경외의
눈으로 허준을 바라보는 것은 당연했다.

고마움의 표시로 집을 한 채 지어주겠다는 대감의 호의를 깨끗하게 물린 허준이었지만, 결국은 선물 하나를 받아들고 대감집을 나서게 된다. 내의원 입격에 꿈이 있는 걸 알게 된 대감이 내의원을 관장하는 도제조에게 소개장을 써준 것이다. 도제조인 우의정은 대감과 교분이 두터운 사이로 대감의 소개라면 내의원 취재에 합격을 보장하는 것과 마찬가지의 일이었다. 천민의 신분을 벗어날 수 있는 유일한 길, 허준은 대감이 써 준 천거서薦擧書를 감격하여 받아들고 집으로 온다.

허나 다음날 뜻밖의 일이 벌어진다. 소개장을 받아왔다는 말을 들은 유의태는 소개장을 내놓으라고 불호령을 하고, 허준이 보는 앞에서 그것을 불살라 버린다.

"비록 세상이 어지러워 공公과 사私가 애매한 풍속이기로서니 인명을 다루는 의원은 사사로운 인정으로 자격을 얻을 수 없다."

이런 나약한 자가 자신의 문하에서 나왔다는 것을 참을 수 없는 수치로 여기며, "벼슬 높은 자의 서찰 따위로 네 앞날을 열려고 마음먹은 순간에 너는 이미 나를 배신한 것, 너와 나의 인연은 끝났다"며 유의태는 허준을 자신의 집에서 매섭게 내쫓고 만다.

그게 스승이었다. 허준에겐 생명과도 같았던 소개장을 단숨에 불살라 버리는, 사사로운 정에 이끌림 없이 옳고 그름을 분명하게 가르는, 진정한 스승은 그런 것이었다. 예수를 스승으로 따르는 우리에게 불태워 버려야 할 소개장이 없는 것일까? 내 앞날을 보장해 줄 것 같은 소개장을 받기 위해 예수를 등지는 일이 말이다.

23

어느 날의 기도

종이를 넘기다가 손을 베었습니다.

종이에도 손이 베이다니요.

내가 입힌 모든 상처를 용서하소서.

24

날을 버린다는 것

우연히 접한 이야기가 있다. 한 스승이 두 제자에게 칼을 한 자루씩 주며 날을 버리라고 했다. 잘 버리는 자를 후계자로 삼겠다는 것이었다.

두 제자는 열심히 날을 갈았고, 마침내 검사를 받는 날이 되었다. 한 제자가 갈은 칼은 얼마나 예리한 지 바람에 스치는 옷깃마저 베어버릴 정도였다. 하지만 다른 제자가 내민 칼은 전혀 달랐다. 스승이 처음 내줄 때보다도 더 무디어진 뭉뚝한 날이었다.

두 제자가 내민 칼을 본 스승은 무딘 날의 칼을 내놓은 제자를 후계자로 삼았다. 칼을 갈다가 칼이 얼마나 위험한 물건인 지를 깨닫고 일부러 날을 무디게 만든 제자의 마음을 헤아린 것이었다.

얼마든지 더 나갈 수 있지만 스스로를 삼가 날을 무디게 만드는 것, 날을 버린다는 것의 진정한 의미는 그런 것 아닐까.

사랑이란

새 한 마리가 날면 그림자가 따라간다.

아무도 모르게

날아가는 새도 모르게 따라간다.

단숨에 산을 넘기도 하고,

오래도록 강물을 건너기도 한다.

건물 모서리에 부딪치기도 하고

전깃줄이나 거미줄에 걸리기도 하고

하수구에 빠지기도 하지만

말없이 따라간다.

흐린 날엔 아예 사라져서 따라간다.

어디선가 새가 날개를 접으면 슬며시 자리를 편다.

어둠 속 새가 잠이 들면 혼자 잠들지 마라.

새와 함께 잠에 든다.

사랑이란!

26

춤

나는 춤을 모른다. 춤을 춰 본 적도 없고, 배워볼까 관심을 가져본 적도 없다. 그러면서도 생각한다. 어쩌면 나는 춤과 술을 모르는 만큼 인생의 즐거움과 거리를 두고 살아가는 것인 지도 모른다고. 춤을 모른다는 것은 몸과 함께 마음이 굳었다는 것, 몸도 마음도 유연하지 못하고 자유롭지 못하다는 뜻일 것이다.

그런 나에게 춤의 의미를 일러준 이가 니코스 카잔차키스 Nikos Kazantzakis이다. 그의 책《그리스인 조르바》였을 것이다. 죽은 아들을 백사장에 누이고 그 앞에서 춤을 추는 조르바에게 사람들은 미쳤다고 했다. 그때 조르바는 이렇게 말한다.

"만약 내가 춤을 추지 않았다면, 나는 정말로 미쳤을 것이다."

그것이 기쁨이든, 슬픔이든, 마음속 응어리든, 희열이든, 분노든, 사랑이든, 언젠가 한 번은 마음 가는대로 춤을 춰 보고 싶다. 달빛 아래 혼자서. 가능하다면 맨발로.

그렇게 추는 춤은 눈물로, 눈물은 통곡으로, 통곡은 웃음으로, 웃음은 대지에 누움으로 이어지지 않을까. 어둠 속 대지에 누우면 기다렸다는 듯 하늘의 별 가슴에 가득하지 않을까.

27
힘든 기도

어디 기도를 평한다는 것이 가당한 일일까만, 힘든 기도를 들었다. 그것은 기도라기보다는 서툰 훈계에 가까웠다. 내용도 그랬고, 어투도 그랬다. 불만의 나열이었고, 결국은 자기 과시와 다르지 않았다. 기도를 들으면서도 저게 기도일까, 내내 마음이 힘들었다.

30여 년 세월이 지났지만 내게는 단강의 한 할머니가 드리던 기도가 남아 있다. 집사님은 기도할 때마다 탄식하듯 이렇게 기도했다.

"삼시 세끼 밥만 먹으면 되는 줄 아는 우리에게, 으트게 살아야 하는 지를 가르쳐 주옵소서."

28

무소유욕無所有慾

책을 주문하다 문득 생각한다. 지금 가지고 있는 책을 내가 다 읽을 수 있을까? 옷을 입다 문득 생각한다. 지금 지니고 있는 옷을 내가 다 입을 수 있을까?

음악을 듣다 문득 생각한다. 지금 가지고 있는 음반을 내가 다 들을 수 있을까? 노트를 열다 문득 생각한다. 지금 가지고 있는 노트에 글을 다 적을 수 있을까?

필기구를 꺼내들다 문득 생각한다. 지금 가지고 있는 필기구를 다 쓸 수 있을까?

오래 전 내게 '무소유욕'이란 말을 들려준 이가 있다. 나를 보면 그 말이 떠오른다는 것이었는데, 그런 마음으로 살라는 격려로 새겼다. 소유욕은 본능적이지만, 무소유욕은 본능을 역행한다. 거대한 흐름을 거스른다는 것이 어찌 쉬운 일이겠는가, 자연스럽지도 않고 쉽지도 않은 일이다. 그것이 무엇이든 온갖 소유욕을 버릴 수 있기를, 마침내 무소유욕까지 버릴 수 있기를, 그래서 훌훌 가벼울 수 있기를!

29

불가능한 일

세상에는 불가능한 일들이 있다. 손바닥으로 하늘 가리기, 하늘의 별 따기, 바닷물 퍼내기 등이 그렇다. 개구쟁이 오빠와 여동생 앞에서 이불 홑청 갈기, 사랑하는 사람 앞에서 아닌 척하기, 말로 마음 가리기, 빛 앞에서 그림자와 헤어지기 등도 있다. 시절 탓이겠지만 불가능한 것들의 항목에 보태지는 것들도 있다. 장가 간 아들 내 편 만들기, 정년퇴직한 남편 존중하기 등이다.

'불영과불행不盈科不行'이라는 말이 《맹자》에 있다. '물은 웅덩이를 채우지 않고는 앞으로 나아가지 않는다'는 뜻이다. 흐르는 물이 웅덩이를 만나면 웅덩이를 채운 뒤에 앞으로 간다. 갈 길이 바쁘다고 웅덩이를 건너뛰는 법이 없다.

도무지 불가능한 일을 두고 '불영과불행'이라는 말을 떠올리는 데는 이유가 있다. 왜 교회가 세상을 변화시키지 못할까? 넘치기를 갈망하여 부르짖는 은혜가 어찌 세상으로 흘

러가지 못할까? '불영과불행' 일지 모른다. 부르짖을 뿐 실
제로는 우리 안에 은혜가 가득하지 못하기 때문이다. 가득
하기는커녕 바닥을 드러내고 있는 것인 지도 모른다.

30
어느 날의 기도

내가 아무 것도 아닐 때
당신은 나의 모든 것이 됩니다.

7월

1

첨尖

한문으로 '첨'이라는 글자를 써보라고 하면 난감해진다.
1) 뾰족하다 2) 성격 · 표현 등이 날카롭거나 각박함 3) 끝
4) 산봉우리 5) 정상 등의 뜻을 가지고 있는 '첨尖'자 말이
다. '첨단尖端', '첨탑尖塔' 등을 읽기는 했어도 따로 쓸 일은
드물었기 때문이다.

'첨尖'이라는 글자를 가만 보니 재밌다. 아랫부분이 '큰 대
大'이고, 윗부분이 '작을 소小'다. 아래가 크고 위가 작으면
어떤 것이라도 뾰족하거나 날카롭기 마련, 글자가 이미 그
런 뜻을 지니고 있었던 것이다.

요런, 귀여운 것! 글자를 향해 그동안 알아보지 못했던 아
쉬움을 웃음으로 대신하는데 문득 지나는 생각이 있다. 큰
것이 아래로 들어 작은 것을 받들면 그것이 안정된 것, 큰
것들이 자꾸만 작은 것들 위에 군림하려고 하니 세상 어지
럽고 위태한 것이었구나 싶은.

2
더 크게 보이는 이

나를 비워 누군가를 드러내는 이가 있고
누군가를 비워 나를 드러내는 이가 있다.

소란함 속에서도 분주함 속에서도 더 크게 보이는 이는
나를 비워 누군가를 드러내는 사람이다.

3
씨는 열매보다 작다

씨는 열매보다 작다. 지극히 당연하고 단순한 이 사실을 나는 단강에서 배웠다. 그것도 단강에 들어간 지 7년쯤의 세월이 지났을 때에. 당시엔 잎담배 농사가 마을의 주된 농사였다. 농자금을 보조해 주기도 하거니와 무엇보다 수매가 보장되기 때문이었다. 집집마다 흙벽돌로 된 건조실이 서 있었는데, 생각 없이 바라보면 낭만적으로 보이기도 하는 건조실은 동네에서 가장 높은 집이었다.

지금도 그날을 기억한다. 잎담배 모종을 밭에 옮겨 심던 날이었다. 온 동네 사람들이 다 나와 일을 하고 있는 밭을 찾아갔다. 손에 커피를 들고 있었는지는 기억에 자신이 없다. 이제 막 나비 날개 만큼 잎을 펼친 모종을 내다 심는 것이었다. 잎담배를 심는 모습을 바라볼 때 번개처럼 마음을 지나가는 생각이 있었다. '아, 씨는 열매보다 작은 것이구나!' 조금 과장하면 그 순간은 깨달음의 순간에 가까웠다.

잎담배 씨는 재처럼 작아 눈에 잘 띄지도 않는다. 성경에 나오는 '겨자씨' 이야기를 듣고는 세상에서 가장 작은 씨는 담배씨라고 일러준 이들도 단강의 교우들이었다. 그 작은 씨를 심으면 싹이 나고, 싹이 난 것을 모종을 하여 밭에 내다 심으면 내 자리를 찾았다는 듯 잎담배는 쑥쑥 자라 마침내 어른 키를 훌쩍 넘는다.

그렇듯 작은 씨를 심어 큰 열매를 거두는 것이었다. 세상 어디에도 큰 씨를 심어 작은 열매를 거두는 것은 없다. 무시하기 좋을 만큼 작은 것에서 의미 있는 일은 시작된다. 거창한 것, 대단한 것, 많은 이들이 주목하는 것에만 마음을 빼앗긴다면 그는 씨앗의 의미를 모르는 사람이다.

"씨는 언제라도 열매보다 작다."

4

지친 소 한 마리 끌고 올 때에도

책장 시집이 꽂힌 자리 앞에 섰다가 그 중 한 권을 빼들었다. 이정록 시인의 《어머니 학교》다. 언제 읽었던 것일까, 시집 첫 장에는 이런저런 메모들이 빼곡하다. '어머니가 들려주는 삶의 지혜', '우리말의 맛', '해학', '어머니와의 합일' 등의 내용들인데, 맨 꼭대기에는 이렇게 적혔다.

'많이 웃었고, 많이 울었던!'

가볍게 페이지를 넘기며 밑줄 친 곳을 읽다가 '그늘 선물'에 닿았다. '어느 한쪽으로 치우치지 마라'로 시작하는 시인데, 밑줄이 쳐진 부분은 시의 맨 끝부분이었다.

> 땀 찬 소 끌고 집으로 돌아올 때
> 따가운 햇살 쪽에 서는 것만은 잊지 마라
> 소 등짝에 니 그림자를 척 하니 얹혀 놓으면
> 하느님 보시기에도 얼마나 장하겠냐?

지친 소 한 마리 끌고 올 때에도 하느님 좋아하실 자리가
따로 있는 것이었다. 하물며!

5
부드러움이 거침을 이긴다

모처럼 여러 날 비와 친했다. 마음이 가문 탓인지 시간을
잊고 비와 친한 것은 오랜만의 일이었다. 빗소리도 실컷 들
었고, 빗방울도 실컷 보았고, 빗속을 실컷 달리기도 했다.
저 아랫녘에서는 적잖은 비 피해를 입었다는 소식도 들려
왔지만, 잠을 자다가 창밖으로 듣는 빗소리는 얼마나 평화
로웠는지 모른다.

비 그치고 쏟아지는 햇살은 세수를 마치고 웃는 아이의 웃
음 같다. 해맑다는 말이 무슨 뜻인지를 표정으로 말해준다.
어디서 나타난 것일까, 어디에서 비를 피했던 것일까, 잠자
리가 난다. 쏟아진 빗방울이 잠을 깨운 것일까, 저리도 가볍
게 저리도 자유롭게 잠자리가 난다.

유약柔弱은 삶의 속성이요 견강堅强은 죽음의 속성, 부드러
움이 거침을 이긴다.

비 온 뒤 자유로운 비행으로 잠자리가 들려주는 경전을 경
건함으로 듣는다.

6

누가 남아 있을까 봐

15년차 베테랑 소방관이 순직했다. 안성의 공장 건물 화재를 진압하던 중에 순직을 한 것이다. 위험을 무릅쓰고 지하실로 들어갔다가 인화물질이 폭발하여 희생을 당했다고 한다. 그가 지하실로 들어갔던 것은 혹시라도 창고 안에 사람이 있을까 싶어서였단다. 누구라도 불속에 남아 있을까 싶어 불 속으로 뛰어들었다는 것이다.

'누가 남아 있을까 봐.'

순직한 소방관을 불속으로 뛰어들게 한 한 마디가 마음을 울린다. 누가 봐도 위험한 불 속으로 소방관을 뛰어들게 한 생각이 그러했다면, 목회자의 생각은 더욱 그리해야 하지 않을까. 잃어버린 한 마리 양을 찾기까지 찾는 것이 목자의 몫이라면 말이다.

7
호박꽃을 따서는

우리나라의 전래동요를 모아놓은 책에 '호박꽃'이란 동요
가 담겨 있다. 충북 충주 지방 동요라고 밝히고 있는데, 삽
화도 정겹다.

　　호박꽃을 따서는
　　무얼 만드나
　　우리 아기 조고만
　　촛불 켜주지

예뻐라, 호박꽃.
호박꽃과 같은 후덕한 마음!

8
저 작은 꽃들이 피어

맑고 고요한 것이
사납고 거친 것을 이긴다고

몇날 며칠 요란한 비 끝
저 작은 꽃들이 피어

9
가지나방 애벌레

가지나방 애벌레는 나뭇가지를 흉내 낸다. 새들에게 잡혀 먹히지 않기 위해서이다. 자작나무에 있는 가지나방 애벌레는 자작나무 가지처럼 몸의 빛깔을 바꾸고, 버드나무에 숨은 가지나방 애벌레는 버드나무 빛깔을 띤다. 심지어는 줄무늬를 그려 넣은 인공 나뭇가지에 올려놓자 가지나방 애벌레의 피부에는 인공 나뭇가지에 그려 놓은 줄무늬가 나타났다. 사진을 찍은 것을 보면 가지나방 애벌레는 벌레가 아니라 영락없는 가지로 보인다.

더욱 놀라운 것은 가지나방 애벌레의 눈을 가려도 같은 결과가 나타난다는 것이다. 가지나방 애벌레는 눈으로 빛깔을 감지하여 몸의 빛깔을 바꾸는 것이 아니라, 피부로 빛을 감지해 주변 환경에 맞도록 자신의 피부를 변화시키는 것이었다. 세상에, 피부로 빛을 감지하여 감지해 낸 빛깔에 자기 몸을 맞추는 벌레가 있다니.

가지나방 애벌레 이야기를 들으며 한없이 부끄러워지는

것은 한 마리 벌레는 자신의 몸으로 주변의 색을 감지하여 자신의 몸을 일치시키는데, 오늘 우리 그렇게 오랫동안 예수를 믿었다 하면서도 무엇 하나 제대로 닮은 게 보이지 않는, 결국은 애벌레만도 못한, 우리의 한계가 너무나 한심하여.

10
행하는 자와 가르치는 자

"할 수 있는 자는 행한다. 할 수 없는 자는 가르친다."
He who can, does. He who cannot, teaches.

명쾌하게 다가오는 이 말은 역설의 대가인 조지 버나드 쇼 George Bernard Shaw의 말이다. 정곡을 찔린 듯 아프다. 어쩌면 우리는 우리가 하지 못하는 것들을 말로 대신하고 있는 게 아닐까 했던, 오래된 의구심을 제대로 찌르는!

11
어느 날 보니

어느 날 보니
젊다는 것이 예쁘더라
푸릇푸릇
영 서툰 것이

어느 날 보니
늙었다는 것이 예쁘더라
노릇노릇
잘 익은 것이

12

개치네쒜

우리가 모르는 우리말이 어디 한둘일까만, '개치네쒜'라는
말은 그야말로 처음 듣는 말이었다. 심지어 그 말을 처음
들었을 땐 어디 다른 나라 말로 여겼으니 말이다. 우리말에
그런 말이 있는 줄을 진작 알았으면 좋았을 걸, 모르고 있
었던 것이 영 아쉽게 여겨졌던 것은 그럴 만한 일이 있었기
때문이었다.

독일에서 목회를 시작하며 독일어를 배우는 학원에 다닌
적이 있다. 프랑크푸르트시에서 개설하여 독일어를 가르치
는 곳이었는데, 나처럼 외국에서 온 학생들이 모여 '아A 베
B 체C 데D'부터 배우는 과정이었다. 오직 독일어만으로 독
일어를 가르쳤는데 전혀 모르는 언어를 어떻게 가르칠 수
있을까, 내게는 또 다른 관심거리이기도 했다. 표정이나 몸
짓이 만국공통어가 될 수 있다는 것도 그때 덤으로 배웠다.

어느 날인가 인사말을 배우는 시간이었다. 그날 배운 인사
말 중의 하나가 "게준트하이트Gesundheit!"였다. 누가 재채

기를 하면 옆에 있던 사람이 건네는 인사말이었다. 나중에 알았지만 그 말은 건강이라는 뜻의 '게준트Gesund'와 상태를 의미하는 '하이트Heit'가 결합된 말이었다.

게준트하이트를 일러준 선생님은 수강생인 우리들에게 자기 나라에서는 이럴 때 어떻게 인사를 하는 지를 나눠보자고 했다. 미국에서 온 학생이 당연하다는 듯이 "갓 브레스 유God bless you"라고 소개를 했다. 그날 들은 인사를 다 기억할 수는 없지만, 재채기와 관련한 다양한 인사말이 나라마다 있었다.

아랍에서는 "알함둘릴라Alhandulilla"(신께 찬미를)이라 말하고, 러시아에서는 재채기를 한 아이에게 "부지 즈도로브 Bud' zdorov"(건강해라)라고 화답한 뒤에, "로스티 볼쇼이Rosti bolshoi"(크게 자라거라)라고, 중국에서는 아이가 재채기를 하면 "백 살까지 살기를"이라는 뜻으로 "바이 슈이Bai sui"라고, 이탈리아에서는 "펠리시타Felicita"(행복해라), 프랑스에서는 "아 보 스웨A vos souhaits"(소원 성취하기를) 또는 "큐 듀 부 베니스Que Dieu vous benisse"(신의 가호가 있기를)라고 인사를 한다.

마침내 내 차례가 왔는데 도무지 생각나는 말이 없었다. 재채기를 했을 때 따로 들었던 말이 없었던 것 같았다. 그렇다고 우리나라에는 그런 말이 없다고 하기에는 뭔가 우리나라를 미개하거나 무례한 나라로 만드는 것 같았고, 우리에겐 그런 말이 없다고 독일어로 표현할 자신도 없었다. 얼떨결에 대답했던 말이 "에헴!"이었다. 대답을 하고나자 그 말이 재밌다며 학생들이 웃었는데, 순간적으로 깨달았던 것은 "에헴"이라는 말은 재채기에 대한 응답이 아니었다. 그 말은 노인이 수염을 쓰다듬으며 했던 말이기도 하고, 그보다는 아이가 기침을 하면 기침을 그치라며 어른들이 따라하라고 했던 말이었다.

그런데 우리말에도 재채기를 했을 때 건네는 말이 있었던 것이다. '개치네쒜'가 바로 그런 말이었다. '개치네쒜'라는 말은 영 낯설어서 마치 주문처럼 느껴지기도 하는데, '개치네쒜'의 유의어로는 '에이쒜'나 '에이추'가 있고, 강원도 방언으로는 '개치네시'라 했다니, 제법 널리 사용하던 말이었지 싶다. 누군가 재채기를 했을 때 "개치네쒜!" 하면 고뿔이 들어오지 못하고 물러갔다는 것이다.

모르는 단어 하나를 아는 것을 넘어 누군가의 재채기 하나에도 따뜻한 관심을 갖는 의미로 마음에 새겨둘 말이다 싶다. '개치네쒜'라는 낯선 말이 어서 낯설음을 벗었으면 좋겠다.

13
안간힘과 안깐힘

우리말에 '안간힘'이라는 말이 있다. 안간힘은 '안깐힘'이라 읽는다. 안간힘을 안깐힘으로 읽는 것은 안간힘이 '안'과 '간힘'이 합해진 말이기 때문이다. '안'이야 '밖'의 반대인 내부라는 뜻일 터, 그렇다면 '간힘'은 무슨 뜻일까?

'간힘'이란 '숨 쉬는 것을 억지로 참으며 고통을 견디려고 애쓰는 힘'을 이르는 말이다. '아무리 간힘을 써도 바위를 움직일 수가 없다'와 같이 쓰일 수 있는 말이다.

끌고 가든지 끌려가든지, 어쩌면 우리에겐 두 가지 선택 혹은 두 가지 가능성 밖엔 없지 싶다. 세상 풍조 앞에서, 세상의 흐름 앞에서 말이다. 끌려가지 않으려면 우리에게 필요한 것은 '안간힘'이다.

안간힘이라 쓰고, '안깐힘'이라 힘주어 읽어야 할!

14

꽃에게는 거절할 손이 없다

꽃에게는 손이 없다. 거절할 손이 없다. 사나운 비가 오거나 거센 바람이 불어도, 나비가 찾아오든 벌이 찾아오든 꽃은 한결같은 표정이다. 모두를 받아들일 뿐이다.

해바라기도 마찬가지여서 자신의 몸을 휘감고 오르는 나팔꽃을 거절하지 않았다. 나라면 뱅뱅 어지러웠지 싶고 숨이 막혔을 것 같은데, 해바라기는 싫다는 표정 없이 나팔꽃에게 자신의 몸을 내어주었다.

해바라기와 나팔꽃은 서로 많은 이야기를 나눌 것이다. 뜨거운 뙤약볕 아래, 밤새 내리는 이슬을 함께 맞으며 어찌 나눌 이야기가 없겠는가.

마침내 해바라기를 타고 오른 나팔꽃은 자주색 꽃을 피우고, 나팔꽃을 몸에 두른 해바라기는 노란색 꽃을 피웠다. 해바라기와 나팔꽃이, 노란색과 자주색이 어울린다. 보니 꽃에게는 거절할 손이 없다.

15

개미 한 마리의 사랑스러움

탁월한 이야기꾼인 앤소니 드 멜로Anthony De Mello가 들려주는 이야기 중에 개미 이야기가 있다. 한 죄수가 독방에 갇혀 여러 해를 살고 있었다. 그는 아무도 못 보았고 말도 못해 보았으며, 식사는 벽에 나 있는 구멍으로 들어왔다.

어느 날 개미 한 마리가 그의 감방에 들어왔다. 그는 개미가 방을 기어 돌아다니는 것을 황홀해서 바라보며 묵상했다. 그는 개미를 좀 더 잘 관찰하기 위해서 손바닥에 놓고, 밥알을 한두 알 주고, 밤이면 자기 깡통 컵 아래 넣어 두었다.

어느 날 문득 그는, 자기가 개미 한 마리의 사랑스러움에 눈을 뜨기 위해 그 기나긴 세월을 독방에 갇혀서 보내야 했다는 것을 발견했다는 이야기이다.

그래도 그는 다행이다. 비록 독방에 갇혀 긴 세월을 보내야 했지만 개미 한 마리의 사랑스러움에 마침내 눈을 뜨게 되었으니 말이다. 한 평생의 삶이 다하도록 개미하고는 비교할 수도 없을 만큼 눈부시고 아름다운 세상을 보면서도 그 아름다움에 전혀 눈을 뜨지 못한 채 눈을 감는 이들이 아주 없지는 않으니 말이다.

16
어느 날의 기도

당신이 찾으신 것은 열매,
무성한 잎으로 열매 없음을 가리지 않게 하소서.

17
바보여뀌

누구 따로 눈길 주지 않으니 얼마나 편한지
일부러 멈춰 서서 손길 주지 않으니 얼마나 자유로운지
개울물 흐르는 풀숲이나
벼 자라는 논둑, 흔한 곳 사소하게 피어
매운 맛조차 버린 나를
바보라 부르지만
아무려면 어떨까 나는 괜찮다.
나처럼 바보 같은 사람 있어
사랑하는 사람에게 걸어줄 목걸이로
고운 님 기다리는 기다림의 등불로
나를 찾을까.
별처럼, 별자리처럼 피어날 뿐
아무도 몰라도 좋은
아무나 몰라서 좋은
'바보여뀌.'

18

일등능제천년암—燈能除天年闇

우연한 곳에서 만난 짧은 글 하나가 있다. 그 글을 대하는 순간, 마음에는 등 하나가 켜지는 것 같았다.

강화도 외포리에서 배를 타고 한 시간 반 가량을 가면 아차 도가 나온다. 볼음도와 주문도 사이에 있는 손바닥만 한 섬 이다. 식당은 물론 가게 하나도 없는 섬인데, 가구 수도 30 여 호 밖에 안 된다. 그곳에 110년이 된 예배당이 있다. 아 차도 감리교회다. 처남이 그곳에서 목회를 하고 있다. 다른 욕심 없이 작은 섬에서 이웃들과 함께 살아가는 처남 목사 가 고맙기도 하고 미덥기도 하다.

아차도를 처음 찾던 날이었다. 사택 거실에 손으로 만든 단 순한 스탠드가 있었는데, 스탠드를 감싼 한지 위에 뭔가 글 이 쓰여 있었다. '일등능제천년암—燈能除千年暗'이라는 구 절이었다. '등 하나가 천 년 어둠을 지운다'는 뜻으로 다가 왔다.

빛은 어둠을 두려워하지 않는다. 어둠이 진하다 하여 빛을 꺼뜨리는 것이 아니다. 빛은 어둠과 다투지도 않는다. 어둠이 항복을 할 때까지 싸우는 것도 아니어서, 빛과 어둠은 서로의 영역을 인정하며 어느 지점에선가는 서로의 손을 잡고 어울린다.

천 년의 어둠을 지우는 등 하나, 등 하나 켜듯 마음에 걸어둔다.

19
묻는 자와 품는 자

가을이 되면 습관처럼 꺼내 읽는 책이 있다. 릴케의 《기도시집》이다. 전에 친 밑줄들 중 대번 눈에 들어오는 구절이 있다.

"묻는 자는 당신에게 중요하지 않습니다.

부드러운 눈길로 당신은,

당신을 가슴에 품은 자를 바라봅니다."

이 가을엔 물음을 멈추고 다만 품게 해달라고, 같은 기도를 바친다.

20
겸손의 밑바닥에 무릎을 꿇은 자 만이

샤를르 드 푸코Charles de Foucauld는 예수님을 만나 회심을 하고는 오직 예수님을 위해서만 살겠다고 다짐을 한다. 예수님을 가장 가까이에서 따르기 위해 성지 나자렛으로 떠났던 그는 사하라의 오지 투아렉Tuareg 부족들 사이에서 살다가 그들에 의해 피살되고 만다. 하지만 그의 삶은 하나의 씨앗이 되었다. 프랑스의 몇몇 젊은이들이 알제리의 사하라 사막에서 그의 삶을 따라 '예수의 작은 형제회'를 시작했기 때문이다.

"하나님을 믿는 사람에게 가장 어려운 일은 무엇입니까?"

질문을 받은 샤를르 드 푸코는 이렇게 대답을 한다.

"하나님을 믿는 것입니다."

어찌 그 대답이 쉬울 수 있을까. 사막을 지난 자 만이, 겸손의 밑바닥에 무릎을 꿇은 자 만이 할 수 있는 대답이지 싶다.

21
저만치

우연히 소월의 시 '산유화'를 대하는 순간, 고등학교 시절 국어시험 문제가 떠올랐다. 당시 문제의 예문으로 주어진 것이 소월의 '산유화'였다.

산에는 꽃 피네
꽃이 피네
갈 봄 여름 없이
꽃이 피네

산에
산에 피는 꽃은
저만치 혼자서 피어있네

산에서 우는 새여
꽃이 좋아

산에서
　　사노라네

　　산에는 꽃 지네
　　꽃이 지네
　　갈 봄 여름 없이
　　꽃이 지네

시에서 소월과 두보의 시 세계를 구분할 수 있는 단어 하나를 찾아서 쓰고, 그 이유를 쓰라는 문제였다. 문제를 대하는 순간 한 대 얻어맞는 기분이었다. 한국과 중국을 대표할 만한 두 거장의 시 세계를 어찌 단어 하나로 구분할 수가 있다는 걸까, 그런 것이 가당한 일일까 여겨졌기 때문이었다. 답은 '저만치'였다. '저만치'라는 단어가 소월과 두보의 시 세계를 구분할 수 있는 단어였는데, '저만치'가 자연과 일

정한 거리를 두고 있는 소월의 '관조'라면, 두보의 시 세계
는 자연과의 '합일'을 추구하고 있다는 것이었다.

내가 그 문제를 어떻게 풀었는지, 맞았는지 틀렸는지는 기
억에 없다. 기억에 없는 걸 보면 문제 앞에서 감탄만 했을
뿐, 정답을 쓰지 못했던 것 같다. 하지만 그때 그 국어문제
는 단어 하나가 얼마나 중요한 의미를 가질 수 있는지에 대
한 가르침으로 기억에 남아 있다.

우리가 하는 말도 크게 다르지 않을 것이다. 단어 하나에도
말하는 이의 마음과 태도가 묻어난다. 별 생각 없이 하는
말 한 마디 속에도 말하는 이의 속마음이 고스란히 드러나
는 것이다.

40년이 지난 국어시험 문제 하나가 남아 있는 것을 보면 우
리가 하는 한 마디 말은 우리가 생각하는 것보다도 훨씬 오
랫동안 누군가의 마음속에 남는 것이었다.

22

공터에선

노란색 꽃도 피고, 자줏빛 꽃도 피고, 수줍게도 피고, 당차
게도 피고, 꽃 아닌 풀도 눈치 볼 것 없이 자라고, 키 좀 크
다 으스대지 않고, 키가 작다 기죽지 않고, 풀도 씨를 받고,
꽃도 씨를 받고, 풀과 꽃 사이 이름 모를 벌레들이 맘껏 노
래를 하는, 어디에도 잘난 것 따로 보이지 않는,

허름한 공터에선!

23
사랑하는 법을 안다는 것

사랑한다고 생각하는 것과 사랑하는 법을 아는 것은 다른 것이다. 사랑한다면 사랑하는 법을 알아야 한다. 사랑한다고 생각하며 사랑 아닌 일을 한다면, 그것은 사랑이 아니다.

'누군가를 사랑한다는 것은 그가 살게끔 하는 것이다'라는 '애지욕기생愛之欲基生'은, 누군가를 사랑한다면 사랑하는 법을 알아야 한다는 의미를 담고 있는 것인 지도 모른다.

24

누군가의 수고를 안다면

사람 나이 여든여덟 살을 두고 '미수米壽'라 하는 데는 이유가 있다. '쌀 미米'라는 글자가 '여덟 팔八'과 '여덟 팔八'이 합해진 글자이기 때문이다. 쌀 한 톨을 먹기 위해서는 농부의 손이 여든여덟 번 가야 하는 것이다. 어디 그뿐인가, 그모든 농부의 수고 위에 하늘의 은총이 보태지지 않으면 우리는 밥을 먹을 수가 없다.

누군가의 수고를 안다면 세상 그 어떤 것도 당연한 것은 없을 것이다.

25

아무것도 보이지 않는

어린 손자에게 하나님 이야기를 들려주는 할아버지에게 손
자가 진지하게 물었다.
"할아버지, 할아버지는 하나님을 본 적이 있으세요?"
그러자 할아버지도 진지하게 손자에게 대답을 했다.
"얘야, 나는 갈수록 하나님 외에는 아무것도 보이지 않는
단다."

성 베네딕토St Benedict는 말했다.
"수도원의 부엌 세간과 헛간의 연장을 다루는 것은 제단의
제구를 다루는 것과 조금도 다를 바 없다."

도로테오Dorotheus의 말은 지극히 단순하다.
"하나님께 가까이 갈수록 우리는 다른 사람에게 가까이
가게 되며, 다른 사람에게 가까워질수록 하나님과 가까워
진다."

로렌스Lawrence의 말은 가슴에 쿵 하고 떨어지는 바윗덩어리 같다.

"낙원에서 하나님과 관계를 갖는 것은 너무나 쉬운 일입니다. 하지만 참으로 하나님과 관계를 가져야 할 곳은 지옥입니다."

떼이야르 드 샤르뎅Teilhard de Chardin의 말은 가만 그늘을 비추는 햇살처럼 다가온다.

"하나님은 농부들의 호미 끝에, 학생들의 연필 끝에, 광부들의 곡괭이 자루 끝에, 밥 짓는 여인들의 젖은 손끝에 계심을 기억하라!"

어서 오기를, 마침내 오기를, 하나님 외에는 아무것도 보이지 않는 그 시간이!

26
그레발을 두자

'그레발'은 집 지을 재목을 다듬는 일과 관련이 있다. 보, 도리, 서까래, 기둥 등 집을 지을 때 쓰는 재목을 다듬기 위해서는 '마름질'을 한다. 재목을 치수에 맞추어 베거나 자르는 것을 마름질이라 한다.

재목을 길이에 맞춰 자르기 위해서는 재목에 표시를 하는데, 그렇게 표시를 하는 도구를 '그레'라 한다. 그레발이라는 말은 '그레'와 관련이 있다. 재목을 자를 때 원래의 치수보다 조금 더 길게 늘려 자른 부분을 이르는 말이기 때문이다.

그레발을 두는 것은 혹시라도 오차가 생겼을 때를 대비하기 위함이다. 처음부터 길이를 딱 맞춰 잘라 놓았다가는 나중에 바로잡을 길이 없어질 수 있다. 재목의 길이가 길면 잘라 쓰면 되지만, 행여 짧을 경우엔 다른 나무를 붙여 쓸 수가 없기 때문이다. 처음에 재목의 길이를 조금 길게 잡았다가 나중에 필요가 없게 되어 그레발을 잘라 없애는 것을

'그레발을 접는다'고 했다.

우리가 잃어버린 것 중에는 그레발이 있다. 그레발이라는 말을 잊었고, 그레발과 같은 마음을 잃어버렸다. 내남없이 마음의 여유가 없다. 여차하면 분노하고 비판한다. 서로에게 향하는 걸음마다 푸석푸석 마른 먼지가 인다. 옷깃만 스쳐도 인연으로 여기던 시절이 이제는 옷깃만 스치는 시절이 되고 말았다.

마음 한구석 그레발을 둘 수는 없는 것일까? 양보해도 괜찮을 만한 마음의 여유를 두고 살아갈 수는 없는 것일까? 사랑과 평화가 깃드는 집이 있다면 그레발을 통해 지어질 터이니 말이다.

27
믿는 구석

다가온다는 태풍 앞에서도 거미가 저리 태평인 것은, 태풍의 위력을 몰라서가 아닐 것이다. 믿는 구석이 있기 때문일 것이다.

촘촘하게 거미줄을 치면서도 실상은 비워놓은 구석이 더 많다. 그것이 비를 견디고 바람을 견딘다는 것을 거미는 알고 있을 것이다. 다가온다는 태풍 앞에서도 거미가 저리 태평인 것은 자신의 허술함을 믿기 때문이다.

28

어떤 소명

과녁이 아닌데도 우리 가슴엔 수많은 화살들이 박혀 있다. 누군가의 말, 원치 않았던 사람, 피할 수 없었던 일. 때로는 피를 철철 흘리기도 했고, 겨우 아물던 상처가 덧나기도 했다. 상처투성이의 모습은 과녁과 크게 다를 것이 없다.

돌아보면 화살이 어디 내 가슴에만 박힌 것일까? 함부로 쏘아댄 화살이 내게도 적지 않을 것이다. 미숙함으로 성급함으로 쏜 내 화살에 맞은 가슴이 왜 없을까? 나로 인해 잠을 못 이루며 괴로워하는 이가 왜 없을까?

서로의 화살을 뽑아줄 일이다. 떨리는 손으로 깊이 박힌 화살을 뽑아내고, 눈물 젖은 손으로 약을 바를 일이다.

파란 이끼가 낀 신학교 돌문만이 아니다. 붉은 녹이 슨 봉쇄 수도원의 철문만이 아니다. 우리가 세상 속에서 사람들과 함께 살아간다는 것은, 그런 소명 앞에서 살아가는 것이다.

손톱을 깎으며

믿음이나 인격이 그러면 얼마나 좋을까만, 시간이 지나며 저절로 자라는 것들은 의외의 것들이다. 머리카락과 수염, 손톱이 그렇다. 잠시 잊고 있다 보면 어느새 자란다.

대부분의 경우 손톱은 책상에 앉아서 깎게 된다. 손톱이 자란 것을 우연히 보고는 서랍에서 손톱깎이를 찾아 깎는다. 손톱에 무슨 생명이 있을까 싶은데, 그렇지가 않다. 잘린 손톱은 비명을 지르는 것처럼 튀어 오른다. 다시는 들키고 싶지 않다는 듯 날아간 손톱은 어딘가로 숨는다. 원고를 쓰는 동안 자판을 눈여겨봐 둔 것인 지 키보드 자판 사이로 숨기도 한다. 그러면 자판을 거꾸로 들고 흔들어대어 손톱을 떨어뜨려야 한다.

몇 번 비슷한 경험을 하고선 다른 선택을 한다. 손톱을 깎을 때가 되면 자리에서 일어나 바닥에 앉는다. 그리고는 책상 옆에 있는 쓰레기통을 가져온다. 쓰레기통을 거부하는 손톱들도 있지만 대개는 통 속으로 들어간다. 도망친 손톱

을 찾아내는 것도 크게 어려운 일이 아니어서 책상 위에서
깎을 때보다는 훨씬 편하다.

어떤 일을 할 때는 그 일에 맞는 자리와 자세가 따로 있다.
하물며 손톱을 깎을 때도 그러하다.

30
유용성이 없는 아름다움

"최초의 음악가는 아마 남달리 몽상적인 사냥꾼이었을 것입니다. 그는 활을 쏠 때 실수로 손가락으로 활줄을 건드렸다가, 그것에서 나는 신기한 울림에 자못 놀랐을 테지요. 아마도 그날 저녁, 가죽을 씌운 거북 등딱지에 팽팽하게 활줄을 연결해서 퉁겨 보았을 것입니다. 그렇게 현이 선사하는 조화로운 음을 발견한 뒤에는 현에 음색을 선사하는 공명도 발견했겠지요.

모닥불 주변에 둘러앉은 부족 구성원들은 처음에는 그를 보고 웃었을 지도 모릅니다. 덜떨어진 몽상가로 치부했을 겁니다. '저런 막을 씌운 거북 등딱지로 어떻게 영양을 사냥해?' 하지만 잠시 뒤에 그들은 입을 다물고, 그동안 알지 못했던 울림에 귀를 기울였을 것입니다. 무언가 본질적인 것이 '일어났기' 때문입니다. 최초의 악기에서 퍼져 나오는 울림과 함께 그 저녁, 그들은 처음으로 유용한 사냥을 넘어서 유용성이 없는 아름다움을 발견했을 것입니다.

처음으로, 공격하는 동물이 포효하는 소리나 위험에 처한 생명의 두려움에 찬 외침이 아닌, '노래'를 들었을 것입니다. 그들의 뇌에서 1억 개의 신경 세포를 지닌 청각 피질이 여느 때처럼 활성화되었습니다. 그러나 그것은 경고의 메시지가 아니었습니다. 좋은 것이었습니다. 도망칠 이유가 없는 소리였습니다! 마침내 그들은 자리에서 일어나 울림에 움직임을 선사했습니다. 도망치거나 공격하는 움직임이 아니라, 들은 것을 '춤'으로 표현한 것입니다."

활을 쏘다 실수로 건드린 활줄, 신기한 울림, 거북 등딱지, 조화로운 음, 공명, 덜떨어진 몽상가, 거북 등딱지와 사냥, 유용성이 없는 아름다움, 울림에 선사한 움직임, 춤…, 이보다 맑고 깊은 묵상이 어디 흔할까 싶다. 더딤을 아낌이라 여기며 읽고 있는 책《바이올린과 순례자》에서 만난 최초의 음악가 이야기에 깊이 공감하고 공명한다. 음악과 노래와 악기와 춤은 얼마든지 그렇게 시작이 되었겠다 싶다. 그 순간 함께 꽃 피었던 것 중에는 '시詩'도 있었을 것이다.

그와 같은 일은 까마득한 원시의 시간에서만 일어나는 일은 아닐 것이다. 지금도 누군가를 가만있지 못하게 만드는 일은 그렇게 시작이 될 것이다. 덜떨어진 몽상가가 만들어내는 유용성이 없는 아름다움으로부터 시작될 것이다.

유용성이 없는 아름다움이라는 말의 아름다움!

31
떳집과 나물국

책장 한 구석에 꽂혀 있는 책《명심보감明心寶鑑》에 눈이
간다. 책을 꺼내 읽다 보니, 마음에 닿는 구절이 있다.
"마음이 편안하면 떳집도 안온하고, 성정이 안정되면 나물
국도 향기롭다."
심안모옥온心安茅屋穩이요, 성정채갱향性定菜羹香이니라.
'모옥茅屋'할 때의 '모茅'는 여러해살이풀을 말한다. '떳집'
이란 띠라는 풀로 지붕을 이은 집으로, 누추陋醜한 거처居處
를 말한다. 초라한 초가삼간에 누워도 마음이 편안하면 안
온함을, 편안함과 따뜻함을 누릴 수 있다는 뜻이다.
'채갱菜羹'은 나물국을 말한다. 산해진미山海珍味 없이 집 주
변의 나물을 뜯어 국을 끓여도 성정이 안정되면 그 국이 향
기롭다는 뜻이다.
길지 않은 글을 한 자 한 자 짚어 읽으니 떳집에 든 것처럼,
쥐코밥상 나물국 앞에 앉은 것처럼 마음이 가라앉고 숨이
고르다. 어수선한 시절 때문인 지도 모른다.

8월

1
이미

이쁜 척 안 해도 돼
이미 충분히 이쁘니까

2
진짜는 항상 아름답다

자신을 찾아온 병을 넉넉한 웃음으로 받아들여 변함없는 삶을 살아낸 사람, 그는 떠났지만 그가 들려준 이야기는 남아 있다. 장영희 교수의《내 생애 단 한번》을 다시 꺼내들었다. 꾸밈없고 반듯하고 따뜻한 내용 하나 하나가 가슴에 와 닿는다. 삶을 허투루 살아서는 안 되며, 쉽게 절망해서도 안 된다는 것을 절감하게 된다.

책 속에는 〈벨벳 토끼〉라는, 잘 알려지지 않은 서양 동화 하나가 소개되어 있다. 한 아이가 가지고 있는 말 인형과 장난감 토끼가 나누는 이야기다.

"나는 '진짜' 토끼가 되고 싶어. 진짜는 무엇으로 만들어졌을까?"

잠자는 아이의 머리맡에서 새로 들어온 장난감 토끼가 아이의 오랜 친구인 말 인형에게 물었다.

"진짜는 무엇으로 어떻게 만들어졌는가는 아무 상관이 없어. 그건 그냥 저절로 일어나는 일이야."

말 인형이 대답했다.

"진짜가 되기 위해서는 많이 아파야 해?"

다시 토끼가 물었다.

"때로는 그래. 하지만 진짜는 아픈 걸 두려워하지 않아."

"진짜가 되는 일은 갑자기 일어나는 일이야? 아니면 태엽 감듯이 조금씩 조금씩 생기는 일이야?"

"그건 아주 오래 걸리는 일이야."

"그럼 진짜가 되려면 어떻게 해야 해?"

"아이가 진정 너를 사랑하고 너와 함께 놀고, 너를 오래 간 직하면, 즉 진정한 사랑을 받으면 너는 진짜가 되지."

"사랑 받으려면 어떻게 하면 되지?"

"깨어지기 쉽고, 날카로운 모서리를 갖고 있고, 또는 너무 비싸서 아주 조심스럽게 다루어야 하는 장난감은 진짜가 될 수 없어. 진짜가 될 즈음에는 대부분 털은 다 빠져버리고 눈도 없어지고 팔다리가 떨어져 아주 남루해 보이지. 하지만 그건 문제 되지 않아. 왜냐하면 진짜는 항상 아름다운 거니까."

'진짜가 될 즈음에는 대부분 털은 다 빠져버리고 눈도 없어시고 팔다리가 떨어져 아주 남루해 보이지. 하지만 그건 문제 되지 않아. 왜냐하면 진짜는 항상 아름다운 거니까.'
또박또박, 마음에 글씨를 쓰듯 천천히 다시 한 번 읽는다. 괜히 눈물겹다. 털은 다 빠지고 눈은 없어지고 팔다리는 떨어져도 진짜는 항상 아름답다는 말을 마음을 다해 인정한다.

3
있다와 잇다

'있다'는 '잇다' 일지도
있다는 것은 잇는 것이기에

4

맘곱

우리가 흔히 쓰는 말 중에 '눈곱'이 있다. 자고 일어나면 눈가에 달라붙어 있는 작은 찌끼, 눈에서 나오는 진득한 액이 말라붙은 것으로, 아주 작은 물건을 일컫는 말로 쓰이기도 한다. '인정이라고는 눈곱만큼도 없다'처럼 쓰인다.

'눈꼽'이라 읽기에 대부분 '눈꼽'이라 쓰지만 실은 '눈곱'이라 쓰는 것이 맞다. 곱과 관련된 말 중에는 '손곱'과 '발곱'도 있다. '손꼽'과 '발꼽'이라 읽지만 두 단어 역시 '손곱' '발곱'으로 써야 한다. 손톱 밑에 끼어 있는 때를 가리키는 말이 '손곱'이고, 발톱 밑에 끼어 있는 때를 가리키는 말이 '발곱'이다. 누군가를 하찮게 여길 때 '발톱의 때만도 못하게'라고 표현하는데, 발톱의 때가 바로 발곱인 것이다.

눈곱, 손곱, 발곱이라는 말을 대하며 문득 맘곱은 없을까 싶다. 마음에 끼는 때 말이다. 우리가 정말로 닦아내야 할 것이 있다면 눈곱이나 손곱이나 발곱보다는 맘곱 아니겠는가 싶었다. 사전에서는 그 말을 찾아볼 수 없다 해도 말이다.

5

두 개의 강

이른 아침 약속 장소로 가다 보니 새벽안개가 장관을 이루고 있다. 마치 지상의 세계와 천상의 세계를 구분 짓기라도 하려는 것 같았다.

일교차가 심한 이때가 되면 물안개가 피어오르는 것을 단 강에 살며 경험을 했다. 아침 강가에 나가면 물안개가 피어올라 강을 따라 흐르고는 했다. 내게는 그런 모습이 두 개의 강처럼 보였다. 짤막한 글 '두 개의 강'은 그런 모습을 그냥 옮겨 적은 것에 불과하다.

> 바다까지 가는 먼 길
> 외로울까봐
> 흐르는 강물 따라
> 피어난 물안개
> 또 하나의 강이 되어
> 나란히 흐릅니다.

나란히 가는

두 개의 강

벌써

바다입니다.

우리의 삶도 그렇게 갈 수 있다면 얼마나 좋을까. 나란히
가는 두 개의 강처럼 동행을 할 수 있다면 말이다. 그럴 수
만 있다면 우리 어디에 있든, 우리 모습 어떠하든, 우리가
있는 그곳은 벌써 바다일 것이다. 은총의 바다!

6

링반데룽

독일어로 '링반데룽Ringwanderung'은 둥근 원을 뜻하는 'Ring'과 걷는다는 뜻의 'Wanderung'이 합해진 말이다. 등산 조난과 관련된 용어인데, 등산 도중에 짙은 안개 또는 폭우나 폭설 등 악천후로 인해서 방향 감각을 잃어버리고 계속해서 같은 지역을 맴도는 현상을 말한다. 길을 찾아 앞으로 나아가지만 실제로는 같은 지역만을 맴도는 것이다. 그러다 보면 어느 샌가 체력은 바닥이 나고, 날은 어두워지고, 추위와 배고픔이 밀려오고, 결국은 판단력을 상실하여 목숨까지 잃게 된다.

링반데룽에서 빠져나오려면 무엇보다도 중요한 것이 있다. 자신이 링반데룽에 빠졌다는 것을 알아차려야 한다. 내가 헤매고 있다는 사실을 인정해야 한다. 여전히 내 판단이 옳다는 생각을 가지고 앞으로 나아가면 상황은 더욱 악화될 뿐이다. 내가 잘못되었음을 깨닫고 걸음을 멈추는 것이 필요하다.

"네가 어디에 있느냐"는 질문을 "지금 너는 링반데룽에 빠진 게 아니냐?"는 질문으로 대체하자 질문이 명료해졌다. 대답까지 명료해진 것은 아니지만, 덕분에 우리는 오늘 우리들의 삶을 두고 진솔한 이야기를 이어갈 수 있었다.

7
맨발로 가는 길

무익한 일을 하는 이들 대부분은 자기가 하는 일을 유익한 일이라고 생각을 한다. 누가 봐도 무익한 일인데도 이런저런 이유를 대며 자신이 하는 일을 정당화한다. 같은 생각을 가진 이들끼리 모여 자신들의 생각을 더욱 공고히 한다.

무익함 속에는 어리석음과 악함이 공존한다. 자신이 하는 일이 무익한 줄 모르고 무익한 일을 한다면 어리석음이고, 무익한 줄 알면서도 그 일을 한다면 악이다. 무익함 속에서는 어리석음과 악은 자연스럽게 손을 잡는다. 내밀한 우정을 나누듯이.

간디가 자주 인용한 라틴 격언이 있다. "지옥으로 가는 모든 길이 선한 동기로 포장되어 있다"는 말이다. 선한 동기로 포장되어 있다고 그 길이 모두 천국으로 가는 길이 아니다.

천국으로 가는 길은 굳이 포장할 필요가 없다. 있는 모습 그대로를 드러내면 된다. 조금은 부족하고 미숙해 보여도 있는 그대로의 속살을 드러낸다. 그래서 따뜻하고 환하다. 하지만 지옥으로 가는 길은 다르다. 온갖 선한 동기로 포장을 한다. 가릴 것이 많기 때문이다. 잘못된 의도와 숨은 탐욕을 감춰야 하니 포장할 것이 많다.

포장된 길이 아니라 있는 그대로의 길을 걸어야 한다. 그런 점에서 천국은 맨발로 가는 길인지도 모른다.

8

말이 가장 많은 곳

말에 관한 글을 쓰다가 문득 지난 시간이 떠올라 피식 웃었다. 우리말에 말은 '말言'이라는 뜻도 있고, 말馬이라는 뜻도 있다. '발 없는 말이 천리를 간다'는 속담은 그래서 더욱 재미를 더한다. '말言'은 말馬처럼 발이 없지만 천리를 가니, 애써 달려야 하는 말馬로서는 부러워할 말言일 지도 모른다.

발 없는 말言인데도 속도가 있다. 어떤 말은 빠르고 어떤 말은 느리다. '나쁜 소문은 날아가고, 좋은 소문은 기어간다.'는 속담이 괜히 나오지는 않았을 것이다. 오래된 경험이 쌓이고 쌓였을 것이다. 발이 달린 것도 아닌데 나쁜 소문은 더 빨리 번지고 좋은 소문은 더디 번진다니, 그 또한 신기한 일이 아닐 수가 없다.

이태 전 켄터키 주 렉싱턴을 방문했을 때의 일이다. 토머스 머튼이 수도자로 지냈던 겟세마네 수도원을 찾아가는 길이었다. 사방으로 광활한 들이 펼쳐져 있었고, 들판에는 많은 말들이 한가롭게 풀을 뜯고 있었다.

말이 참 많다고 하자 운전하는 목사님이 말과 관련된 이런 저런 이야기를 들려주었다. 영국왕실의 말들도 대개는 켄터키 주에서 돌보고 있고 공급을 한다고 했다. 이야기 끝에 덧붙인 말이 있었다.

"아마도 세상에서 말들이 가장 많은 곳이 켄터키 주일 거예요."

가까운 지인들, 그래서 가볍게 농을 했다.

"그보다 더 말이 많은 곳이 있어요."

차에 탔던 이들이 관심을 보이며 어디냐고 물었다. 나는 짧게 대답했다.

"교회요."

모두가 유쾌하게 웃었지만, 마음까지 유쾌했던 것이 아니었다. 우린 언제나 말 대신 삶으로 우리의 믿음을 살아낼 수 있을지.

9
세월

아름다움일랑 저만치 바라보기
손으로 잡으려 말기

10
까치발

세상이 놀랄만한 일을 하고 세상이 몰라주는 것을 즐기기
엉뚱한 일에 까치발 들지 말기

11
사나운 짐승이 사는 곳

'온유'라는 말 속에는 '사나운 짐승을 길들이다'라는 뜻이 있다. 가장 사나운 짐승은 깊은 산이 아니라 우리 마음속에 산다. 길들여지지 않은 난폭한 감정에 끌려가지 않고, 자기 감정을 자기가 다스리며 사는 사람이 많지가 않다.

온유한 자에게는 '땅을 기업으로 받는 복'이 임한다고 예수는 말했다. 예수가 그 말을 했을 때는 로마가 세상을 지배하고 있었다. 강한 무기를 가진 자가 땅의 주인이던 시절, 예수는 그 한복판에서 땅의 진정한 주인이 온유한 자라 말한 것이었다.

많은 순간 주님의 말씀은 현실 앞에서 무관해 보이고, 세상 앞에서 무모해 보인다. 좋기는 하지만 경험상 동의하기 어려울 때가 있다. 어쩌면 믿음이란 말씀을 말씀 그대로 받아들이는, 스스로 무모한 길을 택하는 것인 지도 모른다.

12
오래 가는 향기

옥합을 깨뜨려 향유를 부은 여인을 두고 예수는 이렇게 말한다.

"나는 분명히 말한다. 온 세상 어디든지 복음이 전해지는 곳마다 이 여자가 한 일도 알려져서 사람들이 기억하게 될 것이다"(마가복음 14:9).

그 말씀은 그대로 이루어진다. 이천 년 세월이 지난 오늘도 우리는 여인이 한 일을 말하고 있으니 말이다.

향기를 흉내내는 향수가 있다. 잠깐 있다 사라지는 향기가 있다. 하지만 오래가는 향기도 있다. 세월이 지나가도 지워지지 않는 향기가 있다.

그것이 오래가는 향기인 지 아닌 지는 오늘은 알 수가 없다. 오늘은 그저 모두가 같은 향기일 뿐이다. 하지만 긴 세월이 지나면 알 수 있다. 세월을 이겨낸 좋은 향기가 어떤 향기인 지를.

13
천천히 찬찬히

천천히 가며 찬찬히 보라고
그게 맞다고

14

문명 앞으로

사람의 마음을 움직이는 것은 의외로 단순한 것들이다. 한 화장실에 들렀더니 변기 앞에 짧은 글이 붙어 있었다.

문명 앞으로 한 걸음만 더!
Move forward one step closer to civilization!

'변기 앞으로'가 아니었다. 문명 앞으로였다. 바지춤을 내리다 그 글을 읽고는 웃으며 조금 더 다가선다. 문명 앞으로.

15
사랑과 두려움

사막 교부들의 금언을 읽다가 만난, 압바 이시도루스의 말이다.

"제자들은 진정 자기 스승인 사부들을 사랑하고, 자기 지도자인 그들을 두려워해야 합니다. 제자들은 사랑 때문에 두려움을 잃어서도 안 되고, 두려움 때문에 사랑을 어둡게 해서도 안 됩니다."

그의 말이 공감되는 것은 더이상 두려움도 사랑도 찾아보기가 어려워졌기 때문, 사랑과 두려움 사이의 조심스러운 걸음새를 갈수록 보기가 어렵기 때문이다.

16
그럴수록 아픈 사랑

돌아서는 이를 향해
모두가 등을 돌릴 때
너는 가만 가슴을 연다

눅눅한 이를 향해
무심한 눈을 흘길 때
너는 눈물을 흘린다

응달 자리 더욱 붉은 진달래
그럴수록 아픈 사랑

17

지름길과 에움길

길과 관련된 우리말 중에 '지름길'과 '에움길'이 있다. 지름길은 익숙한 말이다. 질러서 가는 가까운 길을 말한다. 에움길은 조금 낯설다. '에움'이라는 말은 '둘레를 빙 둘러싸다'는 동사 '에우다'에서 왔다. 빙 둘러서 가는 멀고 굽은 길이라는 뜻이니, 지름길과는 대조적인 말이 된다.

생각해 보면 우리가 하나님께 나아가는 길은 늘 에움길이다. 참으로 먼 길을 돌아간다. 이런저런 일이 가로막기도 하고, 엉뚱한 것에 마음을 빼앗기기도 한다. 마음과는 달리 늘 먼 길을 걸어간다. 하지만 하나님은 다르다. 우리를 찾아오시는 하나님은 가장 빠른 길로 오신다.

'두 점 사이를 잇는 최단거리'는 '직선'에 대한 정의지만, 사랑에 대한 정의도 된다. 우리를 찾아오시는 하나님이 에움길 대신 지름길로 오시듯, 이웃에게 가는 길이 지름길이 될 때 우리의 사랑은 진정한 사랑이 될 수 있다.

18

그들 자신의 죽음을 주십시오

마음으로 가는 길이 진짜 길이다. 단강으로 가는 길은 가르마처럼 훤하다. 영동고속도로를 타고 달리다가 여주에서 빠져나가 점동을 거쳐 남한강을 건너면 강원도의 초입 부론을 만난다. 그러면 잠깐 사이 경기도, 충청북도, 강원도 삼 도를 지나는 셈이다.

부론을 벗어나 귀래 쪽으로 방향을 틀면 이내 갈림길을 만나게 되는데, 오른쪽을 택하면 강가 길을 따라가고, 왼쪽을 택하면 자작 고개(단강 사람은 늘 자재기 고개라 불렀던)를 넘어간다. 그렇다고 갈림길에서 심각하게 고민할 필요가 없는 것은 어느 길을 택해도 두 개의 길은 정산에서 다시 만나 단강으로 향하기 때문이다.

부론에서 자작 고개 쪽으로 향하다 보면 길 왼쪽 편에 산수골이라는 마을이 있다. 산수골엔 언제부턴가 '꿈꾸는 산수골'이 자리를 잡았다. 은퇴를 한 이들이 하나둘 모여 꿈꾸는 산수골을 이루었다.

그 중심에는 이도형 씨가 있다. 얼굴을 보면 영락없이 맘씨 좋은 이웃집 아저씨인데, 그는 어색할 것도 없이 자신을 '좌파'라 소개한다. 한국전력공사 등에서 노조활동을 한 이력이 있고, 노동운동을 한 이력도 있으니 만만한 삶을 살았던 것이 아니다. 그러던 어느 날 어떻게 사는 것이 가장 의미 있는 삶일까를 고민했고, 그 고민에 대한 대안으로 꿈꾸는 산수골을 시작했다.

산수골엔 콩 할배, 론 할배, 꽃 할배, 짱 할배 등 몇몇 할배들이 모여 산다. 그들 스스로가 그렇게 서로를 부른다. 꿈꾸는 산수골을 처음으로 방문하던 날, 꿈꾸는 산수골이 꿈꾸고 있는 꿈 이야기를 들었다. 그들의 꿈은 의외로 단순했고, 소박했는데, 죽을 땐 집에서 죽자는 것이었다.

나이가 들면 약해져 병이 들고 병이 들면 병원으로 간다. 그리고는 병원 침대에 누워서 생을 마감한다. 생을 마감하는 과정도 대개가 비슷하다. 수많은 의료기기의 도움 속에서 겨우 연명하다가 그것조차 힘에 부치면 세상을 떠난다. 산수골의 꿈은 거기에서 시작이 된다. 이 세상을 떠나는 자리가 병원이 아니라 산수골이 되게 하자는 것이다. 누가 아프든 사랑하는 사람들이 끝까지 돌보다가 사랑하는 사람들이 바라보는 가운데 마지막 눈을 감게 하자는 것이었다. 그 꿈을 이루기 위해 할배들은 하루하루 그 꿈을 이룰 수 있는 삶을 살아간다.

꿈꾸는 산수골의 꿈은 릴케의 《기도시집》 한 구절을 닮았다.
'오 주여, 그들 하나하나에게 그들 자신의 죽음을 주십시오. 그가 사랑, 의미, 그리고 고난을 겪은 삶에서 가버리는 그러한 죽음을.'이라 했던.

19

다른 것은 없었어요

다 빌려 쓰는 것이었어요.
다 놓고 가는 것이었고요.
신발도
옷도
책도
공책도
연필도
지우개도
햇빛도
바람도
몸도
마음도
웃음도
눈물도
시간도

계절도

모두 빌려 쓰는 것

모두 놓고 가는 것

세상에

다른 것은 없었어요.

20
오족지유吾足知唯

'오족지유吾足知唯', 가만 보니 글씨가 재미있다. 가운데에 네모 형태를 두고, 네 글자가 모두 그 네모를 중심으로 이루어져 있었다.

오족지유, '나는 다만 만족한 줄을 안다'라고 풀면 될까? '나에게는 더 바라는 것이 없습니다'로 받으면 너무 벗어난 것일까. 좀 더 시적이고 의미가 선명한 풀이가 있을 텐데, 고민해 봐야지 싶다.

더 많은 것을 가지려, 더 높은 곳에 오르려 욕심을 부리며 뒤뚱거리며 기웃거리며 살지 말고 바람처럼 홀가분하게 살라는 뜻으로 받는다. 부디 세월이 갈수록 그럴 수 있기를!

21
시래기

쓰레기라 부르고 쓰는 이들이 있다만
말없이 도리를 다하면 그만

22

좀 좋은 거울

고흐가 동생 테오와 나눈 편지 중에 거울 이야기가 있다. 지금이야 위대한 화가로 칭송과 사랑을 받지만, 살아생전 고흐는 지독한 가난과 외로움 속에서 지냈다. 가난과 외로움이 그의 밥이었고 이불이었다. 형의 처지와 마음을 유일하게 알아주었던 동생 테오에게 편지를 쓰며 고흐는 어느날 이렇게 쓴다.

"모델을 구하지 못해서 대신 내 얼굴을 그리기 위해 일부러 좀 좋은 거울을 샀다"(1888년 9월).

고흐의 이 짧은 한마디 말을 떠올릴 때면 나는 먹먹해진다. 비구름에 덮인 먼 산 보듯 울컥, 마음 끝이 젖어온다.
아무도 알아주는 이 없는 절대의 고독과, 물감조차도 아껴야 하는 지독한 가난, 그런 상황에서도 놓을 수 없었던 그림, 그림은 고흐와 세상을 연결해 주는 유일한 통로였을 것이다. 고흐에게는 그림이 유일한 숨구멍이었을 것이다.

모델을 구할 돈이 없어 대신 자기 얼굴을 그리려고 좀 좋은 거울을 산 사람, 그러면서도 그것조차 조심스러워하는 고흐의 떨림이 오늘 우리에겐 없다. 고흐의 그림 속에 담긴 근원이, 근원을 향한 그리움이 우리에게 없는 것은 '좀 좋은 거울'을 사는 절박함이 없기 때문일 지도 모른다.

우리에게는 거울이 너무 흔하다. 호주머니 속엔 좋은 거울을 살 수 있는 돈도 충분하다. 도무지 아쉬울 것이 없는 우리에게는 생을 향한 간절함이 없다. 얼굴과 옷을 비출 뿐 내면을 비추는 거울이 우리에게는 없다.

23

섬년에서 촌년으로

짜장면이 배달되는 곳에서 살았으면, 오지에서 목회를 하는 목회자의 바람이 의외로 단순할 때가 있다. 특히 어린 자녀들이 있는 경우는 더욱 그렇다. 첫 목회지였던 단강도 예외가 아니어서 짜장면이 배달되지 않는 곳이었다. 짜장면을 먹으려면 부론이든 귀래든 면 소재지로 나가야 했다. 별 것 아닌 것 같은 짜장면이 오지를 분간하는 기준이 되곤 한다. 강화서지방에서 말씀을 나누다가 한 목회자로부터 짜장면 이야기를 들었다. 그동안 섬에서 목회를 해서 당연히 짜장면이 배달되지 않는 곳에서 살았는데, 이번에 옮긴 곳이 강화도의 오지 마을, 그곳 또한 짜장면이 배달되지 않는 것은 마찬가지란다.

목사님 딸이 학교에 가서 그 이야기를 했더니 친구들이 그러더란다. "섬년에서 촌년으로 바뀌었구나!"

고맙다, 짜장면도 배달되지 않은 곳에서 묵묵히 버티는 모든 사람들!

24
초승달과 가로등

밤새워 이야기를 나눴겠구나.
후미진 골목 가로등과
새벽하늘 초승달
어둠 속 깨어 있던 것들끼리.

25

한우충동

책을 읽다가 '한우충동汗牛充棟'이라는 말을 만났다. 낯설어
서 찾아보니 '동棟'이 '용마루 동'이었다.

'소가 땀을 흘리고 대들보까지 가득 찬다'는 뜻으로, 책을
수레에 실으면 소가 땀을 흘리고 집에 쌓으면 대들보까지
닿는다는 것을 의미했다. 그만큼 지니고 있는 책이 많음을
비유하는 말이었다.

(글을 쓰며 피식 웃음이 났던 것은 '한우충동'이 '한우를 먹고 싶은 충동'
은 아니었군, 생뚱맞은 생각이 지나갔기 때문이다.)

어디 한우충동을 부러워할 일이겠는가? 한두 권이라도, 한
두 줄이라도 내 것으로 삼아 그 삶을 살아가는 것이 중요할
터, 아무리 집 안 가득 책을 쌓아두어도 그것이 내 삶과 상
관이 없다면 책은 무용지물, 다만 나를 꾸며 주는 액세서리
일 뿐이다. 성경책과 온갖 경전이 무엇 다를까 싶다.

26
한바탕

한바탕 꿈을 꾸고 나면 그게 한 세상일 것이다.
내가 나비 꿈을 꾼 것인 지,
나비가 내 꿈을 꾼 것인 지,
장자가 꿈에 나타난 것인 지,
내가 장자 꿈에 나타난 것인 지,
때로는 꽃길을 걷기도 하고,
때로는 낭떠러지로 떨어지기도 하고,
꿈에도 그리던 사람을 만나기도 하고,
원하지 않는 얼굴을 보고 소스라쳐 놀라기도 하고,
꿈에는 길몽도 있고 흉몽도 있지만
한바탕 꿈을 꾸고 나면 그게 한 세상일 것이다.
가물가물 봄날 가듯 한 생이 갈 것이다.

27

순종, 순명

기독교인치고 순종이나 순명을 모르는 이가 얼마나 될까? 나를 부정하고 주님 뜻을 따르는 일, 거룩하고도 아름다운 일이다. 나를 부정하는 만큼 주님의 영역이 넓어진다.

순종과 순명을 맹종으로 가르치는 것은 나쁜 일이다. 하나님의 선한 백성들을 수단과 도구로 전락시키는 일이기 때문이다.

순종과 순명을 알면서도 그것이 필요한 순간 외면하는 것은 어리석은 일이다. 고개 숙여 순종해야 할 때 뻣뻣한 목으로 거역을 한다면 말이다.

성경지식으로 순종이라는 말을 알고 있거나, 가슴의 훈장처럼 순명이라는 말을 달고 다닌다면, 그것은 그럴듯한 장식물일 뿐이다. 가슴에선 빛나지만 생명은 없는. 중요한 것은 매 순간 순종과 순명의 걸음을 우직하게 내딛는 것이다.

28
어느 날의 기도

한 치 앞을 모르면서
내일을 말하지 않게 하소서

너를 모르면서
우리를 말하지 않게 하소서

29

눈빛

거리 풍경이 바뀌었다. 폭풍이 몰려온다는 소문을 듣고 서둘러 새들이 떠난, 동화 '소리새' 속 새터 같다. 차량도 인적도 평소와는 확연히 다르고, 오가는 사람들의 표정 속에도 생기를 찾아보기가 어렵다. 느낌을 말하자면 한순간 도시 전체가 잿빛이 된 듯하다.

밖에 나가보면 마스크를 쓰지 않은 사람을 만나기가 어려울 정도다. 이게 무슨 변괴인가 싶어 나라도 마스크를 쓰지 말아야지 길을 나서지만, 오가는 사람들은 그런 나를 걱정스럽게 바라보며 지나간다. 교우라도 만나게 되면 펄쩍 뛰며 어찌 마스크를 쓰지 않았냐고, 마스크가 없냐고 걱정스레 묻는다.

예배에 참석하는 교우들도 마찬가지여서 거의 대부분의 교우가 마스크를 쓰고 오고, 지난 주일에는 마스크를 쓴 채로 예배를 드리기도 했다. 너희가 아무리 변장을 해도 나는 누가 누군지 다 안다는 마음속 한 음성을 주님의 농처럼 들으며 말이다.

이런 와중에 한 가지 새로운 것이 있다. 사람들의 눈매가 눈에 띈다. 마스크 위로 드러난 부위는 두 눈뿐, 마스크를 쓰니 오직 눈만을 마주하게 된다. 서로의 눈을, 눈빛이나 눈매를 이렇게 유심히 바라본 적이 있었을까 싶다. 눈만을 보다 보니 눈에도, 눈매에도 제각각 표정이 있다. 사람은 얼굴만 다른 것이 아니었다. 눈빛도, 눈매도 자기만의 표정이 있었다.

눈이, 눈빛이, 눈매가 선한 사람이 된다는 것은 또 하나의 고유한 표정을 갖는 것이었다.

30

마음속에 사는 씨앗

내가 아는 어떤 이는 시를 쓴다. 세상과 자연과 사물을 유심히 바라본다. 세상이 다 아는 단어와 언어인데도 그들의 마음을 거치면 전혀 다른 언어가 된다. 모국어가 사라지기도 하고, 모두가 모국어가 되기도 한다. 시인의 눈길이 닿으면 세상과 자연과 사물은 비로소 숨을 쉰다. 처음처럼 숨을 쉰다.

내가 아는 어떤 이는 작곡을 한다. 오선지에 악보를 그린다. 가사에 옷을 입힌다. 세상에 오직 한 사람을 위한 옷인 양, 어색할 것이 없는 옷이다. 그렇게 옷을 입으면 노래가 기지개를 켠다. 맘껏 기지개를 켜며 세상에 갓 태어나는 아기가 된다.

시인과 곡을 붙이는 이들의 마음속에는 씨앗이 가득하다. 세상 거칠고 메마를수록 더욱 간절해지는.

31

어느 날의 기도

겸손과 존경의 의미라면 어려울 것 없습니다.
당신 앞에서 신을 벗는 일 말이지요.

하지만 신을 벗으면 맨발입니다.
가시덤불 앞 맨발이 어찌 쉬울 수 있겠습니까?

잠시 생각할 겨를을 주십시오.
가시덤불 같은 시간 속을 맨발로 갈 수 있는 용기
제게 있는지 돌아봐야겠습니다.

9월

1

내어놓아라

답답하고 무거운 마음으로 어둠 속에서 손을 모을 때, 가느
다란 한 줄기 빛처럼 지나가는 세미한 음성.
"내어놓아라."
무슨 말일까 되짚어 보니 '내려놓아라'가 아닌 '내어놓아
라.'
힘들고 어려울 때면 내려놓을 줄만 알아 수고하고 무거운
짐 내려놓는 일 쉽고도 당연했는데, 세미하게 다가온 음성
일랑 "내어놓아라."
네 손에 들고 있는 드러난 것만 내려놓지 말고 안에 감추고
있는 것, 애써 모른 척 하는 것 내어놓으라고. 그게 자유로
워지는 길이라고.

2

언제간수띴나요

'목사님교회언제간수띴나요.'

한 교우가 문자를 보내왔다. 문자 내용을 보고 처음엔 이게 무슨 뜻일까 싶었다. 하지만 이내 짐작되는 게 있었다. 이런 뜻이었을 것이다.

'목사님, 교회는 언제 갈 수 있나요?'

울컥, 괜히 목이 멘다.

3
서글픔

서글펐다. 여러 감정이 뒤엉키며 한꺼번에 몰려와서 그 말이 가장 적절한 지는 모르겠지만, 내내 슬펐고 허전했고 그래서 서글펐다.

구십이 된 노인네가 마스크를 쓰고 나와 자기가 하는 말이 무슨 뜻인 지도 모른 채 늘어놓을 때나, 신으로 추앙을 받는다는 사람이 땅바닥에 엎드려 진정성이 느껴지지 않는 절을 거듭 할 때에나, 절을 하는 손에 가득 잡힌 주름을 볼 때에나, 사과를 하는 중에도 아랫사람 대하듯 훈계를 하거나 호통을 칠 때에나, 귀띔을 해 주는 여자가 뭔가를 조정하고 있어 그는 이미 보이지 않는 누군가에 의해 움직이는 꼭두각시일 지 모른다는 생각이 지날 때나, 마음엔 서글픔이 가득했다.

말도 안 되는 저 한 사람 이야기에 그 많은 사람들이, 그 많은 젊은이들이 무릎을 꿇고 환호성을 지르며 귀를 기울였다는 사실이, 그토록 많은 사람들이 저 한 사람의 생각을 추종하기 위해 가정과 가족과 생업을 등졌다는 사실이 감당하기 힘들 만큼 서글펐다. 어떻게 이런 일이 가능한 것일까, 아뜩하기도 했다.

하긴 히틀러의 광기 앞에 한 나라가 추종을 했으니, 정말로 서글퍼해야 할 것은 인간의 나약함 인지도 모를 일이지만.

4

경솔과 신중

가능하다면 경솔하지 말아야 한다. 기민해 보여도 즉흥적이기 쉽고, 활달한 것 같아도 중요한 것을 놓치기가 쉽다. 신중한 것은 좋은 일이다. 삼갈 신慎에 무거울 중重, 사전에서는 신중을 '썩 조심스러움'이라 풀고 있다. 하지만 지나친 신중은 다르다. 신중함이 지나쳐 때를 놓치거나 당연한 일을 미루다가 아예 하지 못하는 경우가 있다. 그럴 경우 지나친 신중은 또 다른 형태의 경솔일 수 있다.

지나친 신중으로 경솔의 길을 걷는 경우가 있다. 지나친 신중으로 경솔의 길을 택하는 것은, 그것이 양심에 그나마 덜 가책이 되기 때문인 지도 모른다.

5

만약

지금처럼 아름다울 순 없을 거야

지금처럼 눈부실 수는 없을 테고

지상에

꽃이 없다면

공중에

새가 없다면

곁에

당신 없다면

6

겸손과 유머

'겸손humility'이라는 말은 '흙'에서 온 말이다. 흙을 의미하는 라틴어 'humus'에서 왔다. 겸손한 사람은 자신이 흙이라는 것을 안다. 자신이 결코 대단한 존재가 아니라는 것을 알고, 한 줌의 흙에서 와서 한 줌의 흙으로 돌아갈 것임을 안다.

'겸손謙遜'은 '겸손할 겸謙'과 '겸손할 손遜'이 합해진 말이다. 조금만 벗어나도 겸손일 수 없다는 듯이.

'humus'와 같은 뿌리를 가진 말이 있는데, '유머humor'이다. 겸손의 바탕은 내가 틀릴 수도 있다는 것을 인정하는 데 있다. 내 생각, 내 경험, 내 믿음이 얼마든지 잘못될 수 있다는 것을 인정한다. 그러기에 그는 굳어지지 않는다.

겸손한 자는 자신이 선택할 수 있는 최선이 유머라는 것을, 세상을 향해 가만히 웃는 것이 가장 좋은 삶임을 안다.

7
꽃을 먹는 새

예배당 앞 작은 정원에 자목련이 피었다. 아직 키가 작지만
자태가 곱다. 어떻게 알았는지 직박구리가 날아와 꽃잎을
먹는다. 맛있게도 따먹는다.

우리가 밥을 먹듯 꽃을 먹는 새가 있다.
새에게도 먹을 것을 내주어 자목련이 저리 예쁜가,
꽃을 먹는 새가 있어 새들의 노랫소리 저리 맑은가,
이래저래 봄이 눈부시다.

찾아오는 손님 모시듯

행여
꽃잎 떨굴까
내리는 봄비
조심스럽고

행여
미안해할까
떨어진 꽃잎
해맑게 웃고

오래 전에 쓴 짤막한 글이다. 비에 젖은 채 바닥에 떨어진
예쁜 꽃잎을 보다가 문득 지나가는 생각이 있어 옮긴 것인
데, 봄비와 꽃잎의 마음이 같았던 것인 지 우연처럼 글자
수가 맞았다.
더러는 내가 글을 쓰는 것이 아니라, 나를 찾아오는 손님을

만나듯 글을 만날 때가 있다. 그렇게 써지는 글이 오히려 마음에 가깝다. 나를 찾아오시는 손님일랑 그것이 무엇이든 정성으로 모실 일이다.

9

몰염치와 파렴치

모든 언어는 자기 안에 시적인 요소를 가지고 있다. 자기 앞에 슬그머니 다른 말 하나 놓으면 뜻이 달라진다. 전혀 다른 뜻이 되기도 하고, 본래의 뜻이 깊어지거나 새로운 빛깔을 띄기도 한다.

몰염치沒廉恥와 파렴치破廉恥도 그 중의 하나다. '염치'라는 말 앞에 '가라앉을 몰沒'이나 '깨뜨릴 파破'가 붙으면 뜻이 달라진다.

몰염치란 염치가 가라앉는 것으로 염치를 모르는 것이고, 파렴치란 염치를 깨뜨리는 것으로 염치와는 상관없는 뻔뻔스러움을 나타낸다.

누구의 손을 잡느냐에 따라 얼마든지 달라지는 우리의 삶처럼.

10

그리운 사람들

'정말 오랜만에 아침에 조동진 노래를 듣는다. 나는 조동진의 노래를 들을 때마다 네 생각이 난다. 왠지는 모르겠지만 젊었을 때 사진이 비슷해서일까? 아니면 그의 노랫말이 너를 상상하게 해서일까? 마침 창밖에 비가 내린다.'

새벽부터 비가 내리는 아침, 친구에게서 문자가 왔다. 조동진 노래를 듣다가 생각이 났다면서. 우중충한 날씨 탓일지, 어수선한 세상 탓일지, 덧없이 가는 세월 탓일지, 문득문득 떨어져 있는 누군가가 그리워질 때가 있다. 하긴, 두어 주 전에는 그런 마음으로 불쑥 원주를 찾아 친구 목사들을 만나기도 했다.

마음에도 비가 왔으면 싶은 날, 나도 오늘은 조동진 노래를 들으며 그리운 사람들을 그리워해야겠다.

11

소 발자국에 고인 물처럼

최근에 두 번의 교우 장례가 있었다. 목회를 하며 교우 장례야 늘 있는 일이지만, 이번엔 남달랐다. 두 장례 모두 생각하지 못한 장례였다.

먼저 떠난 교우는 67세, 건강하게 잘 지내던 권사님이었다. 생각지 않은 곳에서 쓰러진 권사님을 너무 늦게 발견한 것이 문제였다. 결국 권사님은 장기 기증을 선택하고 이 땅을 떠났다.

또 한 사람은 집사님의 남편이었다. 40세, 믿어지지 않는 나이였다. 특별한 지병이 있었던 것도 아니었다는데, 갑자기 심장에 마비가 왔다. 눈물만 흘릴 뿐 가족들은 일어난 일을 도무지 실감하지 못하고 있었다.

두 번의 장례를 치르며 내내 떠올랐던 것은 조선시대 시인 박은이었다. 평생 농사를 지으며 살자고 약속한 아내가 25살 나이에 병으로 세상을 떠났을 때, 그 슬픔을 노래하며 남긴 시에 이런 구절이 있다.

'人命豈能久, 亦竭如牛暫인명기능구, 이갈여우잠'

'사람의 목숨이란 게 어찌 오래 가랴, 소 발자국에 고인 물처럼 쉬 마를 테지'라는 뜻이다.
소나기가 쏟아지면 뚜벅뚜벅 걸어간 소 발자국에도 물이 고인다. 이내 소나기 그치고 볕이 쨍하고 나면 소 발자국에 고였던 물은 금방 마르고 만다.
인생의 덧없음을 소 발자국에 빗댄 시인의 슬픔이 고스란히 전해져 마음이 아프다. 우리네 삶은 영원한 것도, 반복되는 것도 아니었다.

12
더욱 멋진 일

"미국을 발견한 것은 멋진 일이었는데, 그 옆을 그냥 지나쳐 갔더라면 더욱 멋졌을 것이다."

풍자와 해학의 대가인 마크 트웨인이 한 말이다. 생각해 보니 맞다. 세상에는 멋진 일도 있지만, 그보다 더욱 멋진 일도 있다.

13

덜

덜 부끄러웠으면
덜 못났으면
숨어서
숨어서
빈 가지 모두 떨군
부디
발왕산 주목처럼

14
돈으로 살 수 없는 것들

1원이면 주먹만한 눈깔사탕이 두 개였다. 박하향 진한 하얀 사탕을 입이 불거지도록 입안에 넣으면 행복했다. 그러나 그 1원짜리 구리 동전 한 개가 아쉬웠다.

학교로 가는 길목엔 소나무들이 늘어서 있었다. 한번 발길질에 솔 씨들은 춤을 추며 제법 날렸다. 점 찍힌 듯 박혀 있는 까만 솔 씨들을 잘도 빼먹었다. 노란가루로 날리기 전, 한참 물오른 송화도 마찬가지였다. 쉽지 않은 그 맛을 즐겼다. 찔레순도 흔했고, 제법 높다란 학교 옆 벼랑을 따라서는 산딸기도 탐스럽게 매달리곤 했다. 초봄 잔설이 남아 있는 산에 올라선 마른 칡 순을 찾아 칡뿌리를 캤다. 이 사이에 씹히는, 동글게 느껴지는 알칡의 맛을 입이 시커멓도록 맛보았다.

집 뒤뜰 언덕배기엔 돼지감자가 있었다. 가죽 벗겨내듯 언 땅을 들어내면 올망졸망한 돼지감자들이 나왔다. 돼지감자 사이론 하얀 뿌리도 있었다. 우린 그걸 마라 불렀다. 생긴 모양은 꼭 지렁이를 닮았지만 시원한 맛은 돼지감자와 다름없었다.

옥수수 대도 빼놓을 수가 없다. 오줌 같이 찝찔한 놈도 있었지만 개중에는 꽤 단 놈들도 있어 나름대로의 식별력을 요했다.

사실 옷수숫대는 어디나 흔했다. 껍질을 벗기는 건 대개 이로 했는데 잘못하면 와삭 입술이 베이곤 했다.

가을 철 배추 밑동은 얼마나 크기도 하고 그 맛도 좋았던지. 통이 클 대로 큰 조선배추들이 남새밭엔 나란히 줄지어 있었고, 가을 김장철이 되면 배추 밑동들은 인기가 좋았다. 땅속에 파묻었다가 한 겨울 꺼내 먹는 것은 별미였다.

가을산의 온갖 열매와 버섯들, 개울과 저수지의 온갖 물고기들과 우렁과 조개들, 황금벌판의 메뚜기도 놓칠 수 없는 것들이었다.

사탕 두 개 살 수 있는 1원이 늘 아쉬웠던 어린 시절, 그러나 먹을거리는 많았다. 조금만 눈여겨 주위를 돌아보면, 그렇게 자연과 친숙하기만 하면 자연은 우리에게 많은 것을 내주었다.

흔한 돈으로 이가 썩도록 사탕과 과자를 즐기는 요즘 아이들에겐 전혀 낯설고 원시적인 이야기겠지만 그랬다, 자연은 우리에게 돈으로 살 수 없는 많은 것들을 주었다. 풍요로움과 함께 사라진, 사라진 것들에 대한 이 큰 그리움이라니.

15

낭비

사랑하지 않은 시간

가장 큰 낭비란

16
공성이불거功成以不居

하지도 않은 일을 자기가 한 것인 양 자랑 삼아 드러내면 하수다. 눈이 수북이 내린 날, 이른 아침에 보니 누군가 마당을 깨끗하게 쓸었다. 주인 대감이 마루에 서서 "누가 쓸었을꼬?" 묻자 빗자루가 냉큼 대답을 한다. "제가 쓸었어요." 대답을 듣고는 다시 물었다. "정말 네가 쓸었느냐?" "예, 정말 제가 쓸었어요." 그러자 대감은 다시 한 번 물었다. "정말 네가 쓸었다고?" 그제야 빗자루는 기어들어가는 목소리로 대답을 한다. "실은, 박 서방이 쓸었어요." 눈을 쓴 박 서방은 지게를 지고 산으로 나무를 하러 간 참이었다.

좋은 일을 하되 자기가 한 것을 드러내려고 하는 것도 또다른 하수다. '기자불립 과자불행企者不立 跨者不行'이라 했다. '까치발을 하고서는 오래 서 있지 못하고, 가랑이를 한껏 벌려서는 제 길을 걷지 못한다'는 뜻이다.

밑줄을 그어야 할 말은 따로 있다. '공성이불거功成以不居'다. '공功을 이루되 거기에 머물지 않는다'는 뜻으로 새길 수 있다. 공功을 이루되 어떤 공도 자기 공으로 여기지 않는다. 그러니 머물 일도, 머물 맘도 없다. 그나마 세상이 이만큼 밝고 따뜻한 것은 묵묵히 공성이불거功成以不居의 길을 가는 사람들 때문일 것이다.

17
사라진 우물

어릴 적, 동네엔 우물이 있었다. 두레박으로 물을 길어 올리
는, 깊이가 제법 깊은 우물이었다.

우리는 우물 속에 얼굴을 비춰 보기도 했고, '와!' 소리를
질러 메아리로 돌아오는 소리를 듣기도 했다. 두레박에 물
을 채운 뒤 누가 손을 적게 쓰고 물을 끌어올리나 시합을
하기도 했다. 어머니들은 쌀이며 나물을 가져 나와 씻었고,
간단한 빨래도 했다.
우물은 좋은 냉장고도 되어 오이나 토마토를 우물 속에 집
어넣기도 했다. 그런 뒤 꺼내 먹으면 시원한 맛을 즐길 수
있었다. 둥둥 떠 있는 오이와 토마토를 두레박에 담는 데는
나름대로의 기술이 필요했다.
한여름에는 윗옷을 벗고 등물하기도 좋았다. 이따금씩은
온 동네 사람들이 모여 우물물을 푸기도 했다.
커다란 통에 줄을 매달아 물을 푸고, 거의 바닥이 들어날

쯤이면 한 사람이 통을 잡고 밑바닥으로 내려갔다. 그때 온 동네 사람들은 줄을 잡아 당겨 천천히 내려가도록 해야 했다. 우물 바닥에는 잘못 빠뜨린 숟가락과 그릇 등이 제법 있었고, 그걸 모두 건져내고서야 들어갔던 사람이 나왔다. 그러고 나서 하룻밤만 자면 또 물이 괴어오르곤 했다.

늘 사람들을 만날 수 있었던 곳, 어머니들의 일상과 이야기를 듣고 볼 수 있었던 곳, 함께 같은 물을 마신다는 친숙하고도 강한 연대감을 느낄 수 있었던 곳. 우물은 마을의 중심이었다. 샘을 찾아 마른 목 축이는 산짐승처럼 마을 우물은 마을사람들을 메마르지 않도록 지켜 주었다.

지금은 사라진 마을의 우물, 우물과 함께 사라진 만남과 이야기와 정겨움. 다시 한 번 우물 속 얼굴을 비출 순 없는 건지, '와!' 소리 질러 되돌아오는 그 소리를 들을 순 없는 것인지. 사라진 우물, 사라진 샘에 대한 이 큰 아쉬움이라니!

18

부정확성

고흐는 동생 테오에게 보낸 편지에서 뜻밖의 말을 한다.
'부정확성'을 배우고 싶다고 썼던 것이다.

"대상을 변형하고 재구성하고 전환해서 그리는 법을 배우
고 싶다. 그 '부정확성'을 배우고 싶다. 그걸 거짓말이라 부
르겠다면, 그래도 좋다. 그러나 그 거짓말은 있는 그대로의
융통성 없는 진실보다 더 '진실한 거짓말'이다"(1885년 7월).

언젠가 친구는 내가 말하는 투를 두고 추상적이라고 한 적
이 있다. 그렇게 말하는 친구에게 나는 추상적으로 대답을
했다. '추상적인 것만큼 구체적인 것은 없다'고.
고흐는 '감자 먹는 사람들'을 그리기 위해 희미한 램프불빛
아래에서 시골 농가를 바라보느라 무수히 많은 밤을 지새
운다.
고흐가 말하고 있는 '변형과 재구성, 전환'을 통한 '부정확

성'은 '틀림'이 아니라, 애정 어린 관찰을 통해 마침내 본질에 닿은 자만이 알 수 있는 '본래의 세계'였다. 그 부정확성은 정확한 복제와는 전혀 다른 것이었다.

오늘 우리에게 필요한 것도 마찬가지 아닐까? 정확한 복제가 아닌 사랑을 통한 변형, 사랑으로써만 가능한 부정확성을 용기로 받아들이는 것!

19
새들에게 구한 용서

펑펑 싫도록 눈이 온다.
산으로 둘러싸인 동네가 솜이불 뒤집어 쓴 듯 조용하다.
옹기종기 모인 짚가리가 심심한 빈들,
새들만 신이 났다.
온 세상 조용한데 니들만 신났구나,
빈정거리듯 돌아서다 다시 돌아서
죄 지은 듯 새들에게 용서를 빈다.

새들은 신이 난 게 아니었다.
흰 눈 속에 파묻혀 사라져버린 먹을거리,
먹이를 찾아 애가 탔던 것이다.
늘 그러했을 내 눈,
쉽게 바라보고 쉽게 판단하고 말았을 지금까지의 눈,
화들짝 부끄러워
눈 덮인 빈들, 소란한 새들에게 용서를 빈다.

20
이슬

늘 드리는 기도 하나,
나를 지나간 빛이 더럽혀지지 않기를.

21
통곡소리

내 기억 속에는 몇 가지 소리가 남아 있다. 메아리 울리듯 지금껏 떠나지 않는 소리가 있다. 그 중의 하나가 고향집 뒤편 언덕에서 들려왔던 통곡소리다.

쌓인 눈이 녹았다가 간밤 다시 얼어붙어 빙판길이 된 어느 겨울날 아침이었다. 갑자기 집 뒤편에서 울음소리가 들려왔다. 그냥 울음이 아니라 통곡소리였다. 바로 옆집에 사는 아주머니였는데, 그때 그 아주머니는 언덕너머 동네에서 계란을 떼다 파는 일을 하고 있었다.

그날도 계란을 떼 가지고 오는 길이었는데 빙판이 된 언덕길에 미끄러져 그만 이고 오던 계란을 모두 깨뜨려버린 것이었다. 듬성듬성 미끈한 소나무 서 있던 뒷동산, 털버덕 언 땅에 주저앉은 아주머닌 장시간 대성통곡을 했다.

초등학교도 들어가기 전이었을 어릴 적 기억, 그러나 그때 계란 깨뜨린 아주머니의 통곡소리는 아직껏 남아 있다.

무얼까? 세월로도 지워지지 않은 그 소리는 무엇 때문일

까? 내 가난한 이웃의 슬픈 소리가. 언 땅에 주저앉아 터뜨
린 울음소리가 통곡으로 지금까지 남아있는 이유는.

22
사랑

끝내 지울 수 없는 이름
사랑이란

23
길

낮은 곳으로만 가면
길 잃을 일 없을 터

24

예수의 여자에게 대한 태도

아내의 할머니가 남기신 〈슈업증서〉 중에는 1933년 2월 16일에 발행한 것이 있다. 미감리교회 슈원디방 부인성경강습회장이었던 밀러 선교사가 발행한 것이다.

그 해 〈슈업증서〉에 적힌 강습과정이 두 개인데 과목이 특이하다. 하나는, '예수의 재림'이고 다른 하나는 '예수의 여자에게 대한 태도'이다. 예수가 여자를 어떻게 대했는지가 강의의 주제였으리라 짐작이 된다.

1933년이라면 지금으로부터 까마득한 세월, 당시의 사회가 여자들을 어떻게 대했을지는 어렵지 않게 짐작이 된다. 남자들에 비해 터무니없이 불공평한 일들이 한둘이 아니었을 것이다. 그런 사회 속에서 예수가 여인들을 어떻게 대했는지를 공부하는 것은, 얼마나 혁신적인 일이었을까 싶다. 여자들은 그 과목을 공부하며 새로운 자긍심에 눈을 떴을 것이고, 남자들은 잘못된 인식이 무엇인 지를 배우며 부끄러워했을 것이다.

이 시대 우리가 배우는 성경 과목도 달라져야 할 것이다. 우리의 잘못된 고정관념을 바꿀 수 있는, 당연하게 여기지만 잘못된 인식을 변화시킬 수 있는 과목을 찾아내야 할 것이다. 1933년 성경강습회의 한 과목이었던 '예수의 여자의게 대한 태도'처럼 말이다.

25
상식과 정치

상식적인 것을 정치적인 것이라며 부정하거나 폄하하는 것
이야말로 정치적인 것 아닐까.
정치적이라는 말의 의미를 그들이 말하는 정치적이라는 말
의 개념대로 하자면.

26

진심

마음의 문을 여는 것은 진심이다.

그뿐이다.

27
길

세상의 길은 어딘 가로 향한다.
이쪽에선 길을 잃어도 좋겠다 싶은,
그런 길은 없는 것일까?
그런 사람은 없는 것일까?

28

폭력에 굴복하는 것

"현대생활의 분주한 활동과 스트레스는 본질적인 폭력의 한 형태인데, 아마도 가장 일반적인 형태일 지도 모른다. 상반되는 무수한 관심사에 정신을 파는 것, 수많은 요구에 굴복하는 것, 너무나 많은 사업에 관계하는 것, 모든 일에 모두를 돕기를 원하는 것 따위는 어느 것이든 폭력에 굴복하는 것이다. 그뿐 아니라 그것은 폭력에 협력하는 것이다. 행동주의자의 광분은 그가 평화를 위해 하는 사업의 효과를 사라지게 만든다. 광분은 평화를 이루는 그의 내적 능력을 파괴한다. 풍부한 결실을 가져오는 내적 지혜의 뿌리가 광분 때문에 죽어버려 그의 일은 결실을 맺을 수 없다."

《토마스 머튼의 단상》에서 만난 한 구절이다. 정작 이런 말을 필요로 하는 이들은 이런 말에 귀를 기울이지 않는다. 이미 폭력에 굴복했고, 협력하고 있기 때문이다. 선한 동기로 선한 일을 하고 있다고 자신에게 이르며, 평화를 광분으로 대체한다. 자신만 모르는 채.

29
사람

겨울새벽 쩡쩡 울었던 고향 저수지 얼음장처럼
생각만으로도 마음을 울리는 사람이 있지

30

갈망

한 지인의 집을 방문했을 때, 벽에 걸려 있는 옛 시 하나가 눈에 띄었다.

竹影掃階塵不動
月輪穿沼水無痕

'죽영소계진부동 월륜천소수무흔', 더듬더듬 뜻을 헤아리니 '대나무 그림자가 계단을 쓸어도 먼지 하나 일어나지 않고, 둥근 달이 연못을 뚫어도 무엇 하나 흔적 남지 않네.' 쯤이 될 것 같았다.

문득 대나무 그림자 앞에 선 듯, 호수를 비추는 달빛 아래 선 듯 마음이 차분해진다. 대나무 그림자 출렁이듯, 순한 달빛 일렁이듯 마음으로 찾아드는 갈망이라니.

먼지 하나 없이 마음 하나 쓸고 싶은.

물결 하나 없이 마음 하나 닿고 싶은.

10월

1

사랑

다른 것으로는 달랠 수 없는

다른 것으로는 채울 수 없는

2
가을 산

남모르게 품은 불씨
누가 알까만

3
사박사박

전남 곡성군 입면 탑동마을, 평생을 흙 일구며 살아오신 할
머니들이 우연한 기회에 한글을 배우게 되었다. 한글 공부
는 시詩로 이어졌다. 인적 끊긴 지 오래된 묵논처럼 평생을
묵혔으니 툭툭 하는 말이, 슥슥 지나가는 생각들이 모두 시
일 지 모르겠다 싶은데 역시나 웅숭깊다.

사박사박
장독에도
지붕에도
대나무에도
걸어가는 내 머리 위에도
잘 살았다
잘 견뎠다
사박사박

윤금순 할머니(82세)가 쓴 '눈'에선 눈이 내린다.

잘 살았다,
잘 견뎠다,
펑펑 내린다.

내가 골(글) 쓰는 걸
영감한테 자랑하고 십다
여 함 보이소
내 이름 쓴 거 비지예(보이지요)
내 이름은 강금연
칼라카이 영감이 없네

서툴게 적은 글을 누군가 시라 하면, 아뿔싸 손사래를 치며
이리 시시한 게 뭔 시라요 할 것 같은 투박한 글이다. 하지

만 '내 이름은 강금연'에서 울컥 목이 멘다. 그 한 마디 하기까지의 세월이 아뜩하다.

할라카이 대신 칼라카이가 된 건 목젖이 칼칼해졌기 때문일 것이다. 둥근 곡선이 날카로운 직선이 된 '칼라카이'에선 먼 산을 본다. 팔십오 년 세월이 흐린 하늘 속으로 흐트러진다.

　잘 살았다,
　잘 견뎠다,
　사박사박
　눈이 내릴 만하다.

4

무상無常

여상如常한 것 따로 없으니

무상無常할 따름

5

대장별

책임의 언저리를 서성이는 이들이 있다. 책임에서 아예 벗어나는 것은 아니지만 늘 일정한 거리를 둔다.

극동 탐험대의 이야기를 담은 책 《데르수 우잘라Dersu Uzala》가 있다. 탐험대의 안내를 맡았던 데르수 우잘라가 대장별이라 부르는 별이 있는데, 북극성이다. 북극성을 대장별이라 불렀던 것은 움직이지 않기 때문이다. 언제나 자기 자리를 지키고 있기 때문이었던 것이다.

책을 읽으며 생각해 보면 데르스 우잘라야 말로 대장별이었다. 가장 위험한 자리가 맨 앞일 땐 맨 앞에 섰고, 가장 위험한 자리가 맨 뒤일 땐 맨 뒤에 선다. 한 번도 책임의 중심에서 벗어나지 않았다.

책임은 말로 지는 것도 아니고 흉내를 내는 것도 아니다.
어둡고 혼란스러운 시대, 그럴수록 대장별이 그립다.

6
선인장

자주 물을 주지 마세요.
저를 살리는 것은 목마름이랍니다.

7
이슬

내가 견딘 목마름이
누군가에게 해갈이 된다면

8
쉼표와 마침표

'신이 쉼표를 넣은 곳에 마침표를 찍지 말라.'

쉼표와 마침표의 사소한, 아찔한 차이

9
풀벌레 한 마리

이틀 전이었다. 새벽에 깨어 준비를 하는데, 욕실 작은 창문을 통해 풀벌레 소리가 들려왔다. 전날까지도 듣지 못하던 소리였다. 가느다랗고 낮지만 맑은 소리, 아마도 한 마리가 울지 싶었다. 벌써 풀벌레가 우네 하는 생각이 절로 들었다. 절기를 헤아려보니 '대서', '입추'가 아주 멀지 않은 때이긴 했다.

풀벌레 소리는 어제도 오늘도 이어졌다. 오늘은 빗소리 속에서도 풀벌레 소리가 들렸다. 꽃 한 송이 핀다고 봄 아니듯이 풀벌레 한 마리 운다고 가을은 아닐 것이다. 하지만 변화는 그렇게 시작이 된다. 누군가가 꽃 한 송이 피움으로, 누군가가 노래를 부름으로 계절이 바뀌고, 풍경이 바뀌고, 세상이 바뀐다. 어디선가 피워내는 꽃은 눈에 띄지 않는 향기로 누군가의 가슴을 흔들어 설레게 하고, 어디선가 부르는 노래는 누군가의 가슴에 더 사랑해야지 하는 선한 다짐이나 더 사랑하지 못해 아파하는 마음을 어루만지는 위로의 손길로 다가가 마음을 움직인다.

꽃 한 송이 피어 봄 오는 것 아니고 풀벌레 한 마리 울어 가을 오는 것 아니지만, 피어나는 한 송이 꽃과 한 마리 벌레의 노래를 무시하면 안 된다. 의미 있는 변화는 누군가의 깨어있는 한 예감으로부터 시작이 되기 때문이다.

10

빗소리

빗소리는 뿌리에 닿지 않는다.
빈말이 마음에 닿지 않듯이….

11
우리에게는 답이 없습니다

코로나로 인해 8주째 주일예배를 가정예배로 드렸다. 긴 시간이었다. 문을 닫아건 예배당은 적막강산과 다를 것이 없었다. 늘 호흡을 가다듬어야 했다. 신앙도 돌아보고, 교우도 돌아보고, 이웃도 돌아보고, 교회됨도 돌아보아야 했다. 5주째였던가, 영상예배를 드리며 대표기도를 맡은 장로님이 기도 중에 이렇게 고백했다.

"우리에게는 답이 없습니다."

그 한마디면 충분했다. 그 짧은 한 마디 속에 우리의 현실과 우리의 한계가 고스란히 담겨 있었다.

그 말은 화살처럼 박혔고, 길고 고통스러운 시간을 보내며 버릇처럼 드린 기도가 되었다.

"우리에게는 답이 없습니다."

12
가을

한때는 연초록빛
해맑음으로
말씀하시더니
이제는 붉디붉음
눈물겨움으로
말씀하시네

13

썩은 것이 싹

'씨가 썩은 것이 싹'이라는 표현을 만났을 때, 걸음 멈추듯 마음이 멈췄다. 그 말은 이내 요한복음 12장 24절을 떠올리게 했다.

"정말 잘 들어두어라. 밀알 하나가 땅에 떨어져 죽지 않으면 한 알 그대로 남아 있고 죽으면 많은 열매를 맺는다"(공동번역).

'씨가 썩은 것이 싹'이라는 말은 말씀 앞에서 이내 그리고 새롭게 이해가 되었다.

그런데 또 하나 눈에 들어오는 것이 있었다. '썩다' 할 때의 '썩'과 '싹'이라는 글자였다. 우연일까, 썩과 싹은 생김새가 비슷하다. 모음 ' ㅓ '와 ' ㅏ ' 밖에는 다른 것이 없다. 이미 글자에서 썩은 것이 싹이 됨을 말하고 있는 것은 아닐까 싶다. 그것이 무엇이든 제대로 '썩'으면 '쑥'하고 '싹'이 돋는다.

오직 썩은 것만이 싹으로.

14
사랑하며

사람 사랑하며
이야기 사랑하며
바람과 들꽃과 비 사랑하며
눈물과 웃음 사랑하며
주어진 길 가게 하소서

두려움 없이
두리번거림 없이

15

'낫게'와 '낮게'

책을 읽다 말고 한 대목에 이르러 피식 웃음이 났다. 재미있고 일리가 있다 싶었다.

"오직 겸손한 마음으로 각각 자기보다 남을 낫게 여기고"(빌립보서 2:3)라는 말씀이 있다. '낫게' 할 때 '낫'의 받침은 'ㅅ'이다. 그런데 그 받침을 'ㅈ'으로 바꾸면 뜻이 엉뚱하게 바뀌게 된다. '낮게'가 되기 때문이다. 남을 자기보다 '낫게' 여기는 것과, '낮게' 여기는 것은 정반대의 뜻이 된다.

'낫게'와 '낮게'는 묘하게도 발음이 같다. 다른 이를 나보다 '낫게' 여기는 것과 나보다 '낮게' 여기는 것에는 외관상 큰 차이가 없을 지도 모른다. 얼마든지 말로는 남을 나보다 '낫게' 여긴다 하면서도, 마음이 그렇지 못하면 결국은 '낮게' 여기게 되는 것이다. 비슷한 말로 마음을 가릴 일이 아닌 것이다.

16
입장 차이

오래 전 리더스 다이제스트 유머 코너에서 읽은 글이 있다. 갈아 끼울 40와트짜리 전구를 사러 상점에 들러 점원에게 말했다. 벌써 몇 달 사이에 전구를 세 개나 갈았다고, 전구에 이상이 있는 것 아니냐고 말이다. 그러자 점원이 불쾌하다는 듯이 이렇게 대꾸를 하는 것이었다.

"천만에요. 그 전구가 우리 가게에서 가장 잘 팔리는 물건입니다!"

부디 세상과 교회가 나누는 대화가 이런 것이 아니기를!

17
쉼표

"나는 음표는 몰라도 쉼표 하나는 다른 연주자들보다 잘 연주할 수 있다."

이성복 시인의 《피아노 이야기》라는 책에 나오는 한 구절이다. 문득 그렇게 말한 연주자의 연주가 듣고 싶다. 음표보다도 쉼표의 연주에 더욱 귀를 기울이면서.
말과 생각을 빈틈없이 채우는 사람이 아니라 여백을 말하고 여백을 남기는 사람이 될 수 있기를, 행간을 읽을 줄 알고 행간을 남기는 사람이 될 수 있기를.

18
흙집

흙집을 허니
도로 흙이라
펴니
밭이 되는구나
때로 삶이란
복잡할 것도
어려울 것도
없어
흙처럼 살다
흙으로 누우면
한 뙈기
밭인 것을

19

엎어 놓은 항아리

항아리 파는 가게를 찾은 사람이 항아리를 보며 불평을 한
다.

"아가리가 없네."

이번엔 항아리 밑을 들춰보더니 또 불평을 한다.

"밑도 빠졌군."

항아리들은 비 맞지 말라고 엎어 놓은 상태였다.

불평하는 이는 한결같이 불평한다.

내가 옳다고 확신하여 자기 생각을 뒤집을 줄 모른다.

엎어 놓은 항아리처럼.

20
밤이 깊은 건

잘 보이지 않는 내 모습을
오늘은 보고 싶다.

내 어디쯤인지
어떤 모습인지
어디로 가는지
거울로는 볼 수 없는 모습을
보고 싶다.

일 없이
턱 없이 밤이 깊은 건
그 때문이다.

21
사랑

어디로 가느냐고 묻지를 않는
사랑이란

22

죄와 벌

얼마 전 '석고대죄'와 '후안무치'에 관한 글을 썼다. 웹진 〈꽃자리〉를 꾸려가는 한종호 목사님이 어디서 찾아냈는지, 석고대죄에 관련된 사진 하나를 함께 실었다. 누군가 공책 위에 한문공부를 하듯 석고대죄席藁待罪라 쓰고는 그 뜻을 손글씨로 적은 걸 찍은 사진이었다.

석고대죄席藁待罪라는 네 글자 위에 뜻을 푸는 순서를 숫자로 정해놓았는데, 2-1-4-3 순이었다. 藁-席-罪-待 순으로 풀어야 한다는 것이었다.

한 글자 한 글자 점선을 따라 이어 놓은 뜻풀이가 재미있었다. '짚으로 짠 거적을-깔고 앉아-죄 주기를-기다리다.'

사진 속 내용을 보면서 피식 웃음이 났던 것은 첫 목회지였던 단강마을 사람들이 떠올랐기 때문이었다. 단강 사람들의 말버릇 중의 하나가 '벌 받는다'를 '죄 받는다'고 하는 것이었다. 죄를 지으면 죄에 대한 대가로 벌을 받는 것이 마땅한 이치, 그런데도 단강 사람들은 그냥 "그러다간 죄 받지" 하는 식으로 말하곤 했다.

어쩌면 그것은 '죄'와 '벌'을 별개로 생각하지 않는, 죄를 지으면 으레 벌이 따르게 된다는 것을 당연하게 여기는, 죄와 벌의 경계가 따로 있을 수 없다고 생각하는 마음의 발로였을 것이다. 그런데 사진 속 석고대죄席藁待罪도 '죄罪'를 '죄 주기를'이라 풀고 있으니, 오래 전 단강 마을 사람들이 떠오를 법도 했다.

맞다, 석고대죄席藁待罪의 '죄罪'는 '죄 주기를'이라 이해를 하는 것이 적절한 이해일 것이다.

23

죽어가는 것을 사랑해야지

'모든 죽어가는 것을 사랑해야지.'

내게 천의무봉天衣無縫으로 남아 있는 구절 중에는 윤동주의 '서시'도 있다. 그가 어떤 사람인 지를 아는 데는 많은 것들이 필요하지 않다. 지위나 재산 등이 아니라 사소한 것, 의외의 것, 예를 들면 말 한 마디나 어투, 그의 몸짓이나 태도는 그의 존재를 충분히 말한다. 윤동주가 어떤 사람인 지를 짐작하는 데 내게는 '모든 죽어가는 것을 사랑해야지' 한 구절이면 족하다. 그는 모든 죽어가는 것을 사랑했던, 사랑하려고 했던, 사랑과 사랑하려 했던 사이를 부끄러워했던 사람이었다.

'세렌디피티serendipity'라는 단어를 나는 샘 키인의 책《춤추는 신》에서 만났다. 그 말의 의미는 단어를 닮아 뜻밖이었다. '우연한 것, 하찮은 것 속에 감추어진 보물을 찾아내는 눈 혹은 그런 능력'이라는 뜻이었으니 말이다.

그럴듯이 살아있는 것보다도, 모든 죽어가는 것을 사랑할 일이다. 죽어가는 것들은 눈여겨보아야 보인다. 마음이 담겨야 손이 닿을 수가 있다. 새로 받는 한 해, 그리고 남아 있는 삶을 헤아리며 다짐을 한다. 모든 죽어가는 것을 사랑해야지.

무효사회

한국이 독일보다 6배 많은 것이 있다고 한다. 미세먼지 농도나 교통사고 빈도수 아닐까 싶었는데, 아니었다. 중증 이상의 울분을 느끼며 사는 사람들이었다.

서울대 행복연구센터에서 지난해에 공개한 〈한국 사회와 울분〉이라는 제목의 연구 결과를 보면, 한국 성인남녀 14.7%가 일상생활에서 장애를 일으킬 정도의 중증도 이상의 울분을 느끼며 사는 것으로 조사가 됐다. 독일은 2.5% 정도였다.

무엇보다도 자신의 노력이 '무효 취급'을 받는데 따른 울분도가 상당한 것으로 나타났다. 자신이 '무효 취급'을 받으면 억울한 감정이 생기고 거기에서 울분이 커진다는 것인데, 연구팀은 이를 '무효 사회'라고 개념화했다.

'무효사회'라는 말이 무겁게 다가온다. 서로의 존재를 인정하지 않고 가치를 무시함으로써 마음속에 울분을 쌓이게 하는, 오늘 우리는 우리의 눈살을 찌푸리게 하는 미세먼지

보다도 더 마음을 우울하게 하는 무효사회 속에서 살고 있는 것이었다.

'우리의 상한 마음을 치료할 수 있는 유일한 약은 사랑이다'Love is the only medicine for our broken heart.라는 말이 있다. 무효사회를 무효로 돌릴 수 있는 길은 그 길밖엔 없다 싶은데, 과연 우리는 쌓인 울분을 털어내고 사랑이라는 약을 택할 수가 있을지.

25
세월

산벚꽃 피고 진 지
마음으론 엊그제.

녹색들판 위로
왜가리 한가한데
참나무 숲에선
주저 주저
매미 울음 터진다.

머잖아
허전한 허수아비 위로
흰 눈도 내리리라.

사랑하기 좋을 만큼
아쉬워하기 좋을 만큼

세월이 간다.
세월이 간다.

26
목자

길 잃은 양일수록 상처는 많아
끌지 말고 업고 와야 하는 것은

27
자물통

집을 나서며 문단속을 하듯
입에 자물통 하나 채운다면 얼마나 좋을까만

28
걷는 기도

고성 명파초등학교에서 파주 임진각까지
허리 잘린 이 땅을 두른 철조망을 따라
4년 전 한 마리 벌레처럼 홀로 걷던 그 길을
44년 전 함께 신학을 공부한 친구들과 걷는다.

아니, 이 길을 혼자 걸었단 말이야
질문과 탄식이 고맙고
차로 3분이면 지나갈 돌산령터널을 40분 걸려 걸으며
후딱 지나가는 것과 천천히 가는 것
천천히 가는 것이 제대로 가는 것.

처음처럼 마음에 새기고
같이 공부했지만 일찍 떠난
맘 착한 친구가 목회하던 예배당을 들머리로 삼아
마지막 목적지는 평화의 댐

'소설小雪'에 맞춰 눈발 날리더니

댐에 도착하자 그 댐 만들자 했던 사람 떠났다는 소식

63빌딩 절반을 채운다는 수공水攻은 어디 가고

낯부끄러움 가리듯 바닥만 겨우 채우고 있는

그래도 비췻빛 물결

허공처럼 남은 콘크리트 댐을 두고

한 번쯤은 평화를 위해 쓰이게 해달라 구할 때

모든 위선을 날리듯 바람이 거셌지만

녹슨 철모 머리에 쓰고

십자가처럼 선 비목碑木은 흔들리지 않더라

바람처럼 가벼운 거짓과 허위는 가도

뼈를 묻는 진심만은 남아 있더라.

29

어느 날의 기도

낡은 종탑 위
종이 종으로 우는 건
많은 시간 침묵하기 때문.
말없음을 견디기 때문.
허공에 매달려
허공을 사랑하기 때문.
마음을 울리는 소리 하나
함부로 탐하지 않게 하소서.

30

삶

꽃 진 자리
잎이 돋아
세상 눈부시다고

잎 진 자리
꽃이 피어
혼자 울지말라고

31

싱그러움

오랜만에 비가 내린다. 목말랐던 땅이, 나무와 풀이 마음껏 비를 맞는다. 온 몸을 다 적시는 들판 모습이 아름답다.

석 달 가뭄 끝에 하늘에서 떨어지는 빗방울이 흙먼지 적실 때, 그때 나는 냄새처럼 더 좋은 냄새가 어디 있겠냐 했던 옛말을 실감한다.

"타-닥. 타-닥. 타다닥"

잎담배 모 덮은 비닐 위로 떨어지는 빗소리가 더없이 시원하다.

땅속으로 스며들어 뿌리에 닿을 비, 문득 마음 밑바닥이 물기로 젖어드는 싱그러움.

11월

1
그리움

좀체 마음 내비치지 않던 산이
찾아온 가을,
그 무게를 견디지 못한다.
골짝마다 능선마다 붉게 타올라
지켜온 그리움 풀어헤친다.

사람의 마음도 한때쯤은 산을 닮아
이런 것 저런 것 다 접어놓고
마음에서 마음으로
붉은 빛 그리움으로 번져갈 수 있었으면.

2

둘

구석진 자리라도 둘이라면 괜찮지
비가 와도 밤이 와도

3
하늘뜻

"대통령도 밥 묵고 사는 기여. 아무리 돈 많아도 돈 먹고는
못 사는 기여."

도로에 벼를 널고 계신 동네 할아버지. 추곡 수매가에 대한
부총리의 대답을 어젯밤 뉴스를 통해 봤다시며 "지덜이 우
리가 농사 안 지면 뭘 먹구 살려구" 하며 화를 내신다.

뭐가 어떻게 남는 건 지 쌀 남으니 쌀 막걸리 만들고, 논밭
이나 줄이자고 하는 나라님들 고견을 두고, 한 촌로村老의
말씀이 무섭다. 그 말씀 속에 스민 하늘 뜻이 두렵다.

4

수화

수화手話를 배운다.
느리고
서툴지만 뜻이 통한다.

얼마를 함께 하여
얼마를 닮으면
말없이도 통하는 한 언어 가지게 될까.
오직 둘만이 아는
말없는 언어를

5
그대 앞에 내 사랑은

그대 앞에 내 사랑은
가난한 사랑은
그대 가슴에 닿기도 전 스러지고 만다

마른 마음에 슬픔을 키우고
오늘도 해는
쉽게 서산을 넘었다

품을 수 없는 표정들이
집 앞 길로 지나고
무심히 서둘러 지나고
어둠 속
부를 이름 없었다

웅크린 잠

꼭 그만큼씩 작아지는 생
하늘은 꿈에나 있고
폐비닐로나 널린 이 땅의 꿈을 두고

그대 앞에 내 사랑은
가난한 사랑은
아무것도 아니다

6

경지의 한 자락

小窓多明소창다명 작은 창가에 빛이 밝으니
使我久坐사아구좌 나로 하여금 오래 머물게 하네

제주도 〈추사 기념관〉에 걸린 추사의 글 중 마음을 찌르듯
다가온 글자는 '窓'이었다. '窓'이란 글자 대신 창문틀을 그
려놓았으니, 그 자유분방함이 마치 달빛에 취한 사람처럼
여겨졌던 것이다.

'窓'이라는 글자와 함께 또 하나 눈길이 머문 글자가 있었
는데, 앉을 '좌坐'였다. '坐'는 '흙土'에 '두 사람'(人+人)을 합
한 글자로, 두 사람이 서로를 마주보고 있는 형상을 담고
있다. 그런데 추사는 '坐'를 쓰며 '土' 위에 네모 두 개를 올
려둔 것으로 썼다. 네모가 생각보다 큰데, '입 구'(口)로도
보이고 창문을 그렸나 싶기도 했다.

여행에서 돌아와 《漢字正解》라는 책을 펼쳐 '坐'라는 글자
를 찾아보았다. 하나의 글자가 어떤 의미를 담고 있는지, 갑

골문甲骨文, 금문金文, 소전小篆, 예서隸書, 해서楷書, 초서草書, 행서行書 등으로는 어떻게 쓰이는지 담겨 있는 책이다. 그 중 예서에 해당하는 글씨를 보니, 추사가 쓴 글씨처럼 쓰여 있었다. 물론 추사의 글씨에서는 두 개의 네모가 꼭대기 부근에 자유롭게 자리를 잡고 있었지만 말이다.

어찌 감히 추사의 글씨를 논할까만, 이미 추사는 글자의 의미를 충분히 알고 있었고 자신이 알고 있는 것에 자유로움을 더해 마음껏 풀어내고 있었던 것이지 싶다. 소경이 코끼리 다리 더듬듯 헤아릴 길 없는 까마득한 경지의 한 자락을 어렴풋이 헤아려 볼 뿐이다.

7

거오재 노오재居惡在 路惡在

감신대에 입학하여 만난 친구 중에는 한남동에 사는 친구
가 있었다. 덕분에 서울에 머물 일이 있으면 친구 집을 찾
곤 했다. 한남동에 가면 즐겨 들르던 곳이 있었는데 '태胎'
라는 찻집이었다. 순천향병원 맞은편에 있는, 가로수 플라
타너스 나무가 2층 창문 바로 앞에 그늘을 드리우는 찻집
이었다. 창가에 앉아 책을 읽거나 글을 쓰기도 했고, 손님
이 없을 때는 연극을 하는 주인과 많은 이야기를 나누고는
했다.

당시만 해도 찻집에는 성냥을 선물로 준비해 두곤 했다. 찻
집 이름이 새겨진 작은 성냥이었다. 그런데 '태胎'에 있는
성냥은 특이했다. 한쪽 면에 짧은 글이 적혀 있었다. '居惡
在 路惡在'라는 구절이었다. 신학생의 자존심 때문이었을
까, 주인에게 뜻을 묻는 대신 혼자서 헤아려 보기로 했다.
한 달여 생각을 해보았지만 전혀 헤아릴 수가 없었다. 어느
날 항복하듯이 주인에게 물었다. 이야기를 들으니 나는 읽

기부터 잘못하고 있었다. '거악재 노악재'로 읽었는데, '惡'은 '악'이 아니라 '오'로 읽어야 했다.

'거오재 노오재居惡在 路惡在'는 옛 선시 중의 한 구절이었다. 그 뜻이 그윽했다. '머물 곳도 마땅치 않고 갈 길도 마땅치 않다'였다. 짧은 한 마디로 우리 삶의 풍경을 오롯이 담아내다니, 선시의 창끝이 매섭다는 생각이 들었다.

1978년의 일이었으니 오래 전의 일이다. '태胎'라는 찻집이 여전히 그곳에 있을 것 같지는 않다. 아득한 세월이 지나갔기 때문이다. 하지만 그곳 성냥갑에서 본 선시 하나는 여전히 마음에 남아 있다. 머물 곳도 마땅치 않고 갈 길도 마땅치 않다고, 삶이 그렇게 보일 때마다 불쑥 불쑥 떠오르고는 한다.

8

당신

그림자까지 닮고 싶은
당신

9

가만히

가만히 좋아하는 것은
뜨겁게 사랑하는 것보다 그윽해라

10
눈물과 비

이따금 당신들의 눈물을 마주하게 된다. 서러운 얘기 서럽게 하다 자신도 모르게 주르륵 흐르는 눈물, 혹은 쓰러져 주체할 줄 모르는 눈물, 그렇게 당신들의 눈물 마주하게 된다. 그럴 때면 난 망연히 마주할 뿐 무어라 말할지를 모른다. 할 말이 없다.

쓰리고 아픈 마음, 괴롭고 힘겨운 시간들, 도대체 와 닿지 않는 생의 위로, 따뜻한 기운, 난 그저 안쓰럽게 당신들의 슬픔을 마주하며 그걸 마음으로 느낄 뿐, 아무것도 아무것도 못한다.

그 흔한 성경말씀도 그럴 땐 떠오르지 않고, 떠오르는 몇 구절은 당신들의 눈물과 거리가 느껴진다.

그러고 돌아서는 길, 인사도 제대로 못하고 무거운 걸음으로 돌아서는 길, 마음속엔 비가 내린다. 늘 비가 내린다.

11
생명은 거기 있다고

"유약柔弱은 삶의 속성이요, 건강堅剛은 죽음의 속성"(노자).
"인간은 그 약함으로 살아남는다"(장폴, 샤르트르).

우연히 펼쳐든 오래된 작은 노트.
맨 앞장에 그렇게 쓰여 있다.

언제 옮겨 적었는지. 한 겨울 눈 덮인 깊은 산속에 있으면
뚝뚝 나뭇가지 꺾이는 소리가 들린다는, 폭풍 속 거센 비바
람을 견디던 나무가 조용히 내려앉은 눈에 꺾이더라는 법
정 스님의 말. 내가 약할 그때가 곧 강한 때라던 바울의 말.

문득 여러 얘기들이 한 분위기가 되어 가슴으로 전해진다.
작고 여린 것, 생명은 거기 있는 거라고.

12
어느 날의 기도

이제 우리의 신호등을 끄고
당신의 수신호 따르게 하소서.

13
기다림

두드림이 아니라 기다림이었어요
제 마음을 열게 한 것은

14
그러기를

진심 앞에서는 사심이 없기를
거짓 앞에서는 탐심이 없기를

15

이슬

큰 소리에 익숙하다면,

당신은 저를 모르실 거예요.

16

언제 가르치셨을까,
여기 저기 바쁘실 하나님이

언제 만드셨을까. 아가의 눈과 코와 입과 귀를. 별빛 모아
담으셨나, 무엇으로 두 눈 저리 반짝이게 하셨을까.
까만 눈동자 주위엔 푸른 은하수. 언제 저리도 정갈히 심으
셨나, 눈 다치지 않게 속눈썹을. 어디를 어떻게 다르게 하여
엄마 아빨 닮게 하셨을까.

어디를 조금씩 다르게 하여 다른 아이와 다르게 하셨을까.
물집 잡힌 듯 살굿빛 뽀얀 입술. 하품할 때 입안으로 보이
는 여린 실핏줄.

손가락 열, 발가락 열. 그리곤 손톱도, 우렁이 뚜껑 닮은 발
톱도 열. 열 번도 더 헤아려 크기와 수 틀리지 않게 하시고.

언제 가르치셨을까. 엄마 젖 먹는 것과 배고플 때 우는 것.
쉬하고 응가 하는 것. 하품과 웃음. 밤에 오래 잠자는 것. 혼
자 있기보단 같이 있기 좋아하는 것.

찬찬히 엄마 얼굴 익히는 것. 햇빛에 나서면 눈감는 것. 노
래 좋아하는 것.

언제, 모두 언제 가르치셨을까. 몇 번을 가르쳤기에 어린 아기 잊지 않고 기억하는 것일까. 여기 저기 바쁘실 하나님이.

17

실천

'실천實踐'이란 말의 본래 뜻은 '하늘 어머니'(宀+母)가 주신 보물貝을 두 개의 창날戈戔 위를 맨발足로 지나가듯 조심스레 지키는 것이라는 것, 우리가 쉽게 자주 말해 왔던 실천이란 말 속에 참으로 귀한 뜻이 담겨 있다.

'창날 위를 맨발로 걷듯 조심스레 하늘 뜻을 행하는 것.'

말로 신앙을 팔아 버리기 잘하는 우리들에게 얼마나 귀한 교훈일까. 그럴듯한 지식놀음을 성서연구로 아는 이들에게 또한 좋은 교훈이 아닐 수 없다.

자칫 무리하면 와삭 발이 벨 수도 있음을 삶 속에서 잊지 말아야 할 일이다.

18

수군수군

양구, 박수근 미술관 옆 카페 '수군수군.'

빨래터에서 아내감을 예감한 수근처럼 빙긋 웃음이 난다.

19
산과 강

어느 날 산이 강에게 말했다.

"네가 부럽구나.
늘 살아 움직이는 게."

그러자 강이 산에게 대답했다.

"나는 네가 부러워.
한 자리 변함없는 게."

20

어느 날의 기도

아니라 하십시오.
동정이나 연인으로, 안쓰러움으로
내 손을 잡질랑 마십시오.

괜찮습니다.
딛고 일어나겠습니다.

견디다 견디다 힘 부치면 쓰러지고 말겠지만
그렇다고 당신을 원망하진 않겠습니다.

당신은 그저 저만치서 지켜봐 주십시오.
그러면 됩니다.

너무 쉽게 손을 주진 마십시오.
주님.

21
나를 울리는 것

폭풍우 속에서도
나를 적시는 빗방울은
때론
몇 방울 뿐.

나를 울리는
말과
사람이
그러하듯.

22

정직

머리를 깎아도 달라진 건 헤어스타일 뿐

그러니 나를 스님이 아니라 스놈이라 불러달라는

가까이선 들어본 적이 없는

괜히 눈물겨운

23
어떤 날

어떤 날은 하루가 풍경처럼 가고
어떤 날은 하루가 그림처럼 남고

24
벌개미취

가난한 볕에
나를 잊고

작은 바람에
춤이 되는

벌개미취처럼
벌개미취처럼

25
독주를 독주이게 하는 것

차이코프스키Chaykovsky 바이올린 협주곡 연주를 유튜브 영상을 통해 듣는다. 듣는다 생각했지만 실은 보고, 듣는다. 연주와 함께 연주자와 지휘자 혹은 청중의 표정을 대하면, 소리만 듣는 것과는 또 다른 감흥을 느끼게 된다. 연주 현장에 있다는 느낌까지는 아니더라도, 호흡을 같이 한다는 느낌으로 다가온다.

오케스트라의 연주가 시작되고 마침내 지휘자 옆에 서서 자신의 때를 기다리던 바이올린 솔리스트가 연주를 시작한다. 차이코프스키 음악을 들을 때면 공통적으로 드는 생각이 있다. 문득 눈보라가 치는 광활한 시베리아 대지 위에 서 있는 듯하다. 화가가 그림을 통해 자신의 생각이나 감정을 표현한다면 작곡가는 음악을 통해 자신의 세계를 표현한다. 내 생각을 표현할 수 있는 한 방편을 가지고 있다는 것은 복된 일이다.

솔리스트가 연주를 한다고 해서 다른 오케스트라 단원들이 모두 손을 놓고 듣기만 하는 것은 아니다. 지휘자의 지휘를 따라 함께 연주를 한다. 그렇게 함께 연주를 하는 악기 중에는 당연히 바이올린도 있다. 한 대도 아니고 여러 대다.

문득 드는 생각이 있다. 독주를 독주이게 하는 것은 무엇일까? 바이올린이라는 같은 악기, 그것도 숫자로는 비교가 되지 않을 만큼 여러 바이올린이 연주를 하는데, 그럼에도 독주를 독주이게 하는 것은 무엇일까 하는 생각이 지나간다.

나는 음악을 잘 알지 못해 그것을 설명할 길이 없다. 수많은 악기가 연주를 하고 있고, 같은 악기인 바이올린 여러 대가 연주를 해도 바이올린 솔리스트의 연주가 묻히지 않고 선명하게 드러나는 것은 어떤 배려, 혹은 어떤 음악적 장치가 있는 것인 지 모르겠다.

다만 한 가지 내가 아는 것은, 많은 악기가 연주를 하면서도 그 모든 연주들은 솔리스트의 연주를 돋보이게 한다는 점이다. 멈춤이든, 낮춤이든, 귀 기울임이든, 사라짐이든 그

것이 무엇인지를 충분히 알지 못하지만 모든 악기들은 그 역할을 충실히 감당한다.

우리 삶도 그럴 순 없는 것일까 싶다. 그것이 무엇인지 다른 이들이 눈치채지 못한다 해도, 나를 통해 오롯이 하늘 뜻이 드러나는.

26
볏가리

어둠이 내리는 저녁
들판에 선 볏가리들이
가만 고개를 숙였다.

시커먼 어둠을 가슴으로 안은 것이
기도하는 수도자 형상이다.

베어진 뒤에도
그들은 묻고 있다.

제대로 익었는가
다 익었는가

27

전하는 것이 축복이라면

새벽 기도회에 참석하기 위해 잠에서 깨었을 때, 창밖에서 들려오는 소리가 있었다. 쉴 새 없이 이어지는 소리, 새들이었다. 필시 두 마리 새가 나란히 앉아 밤새 꾼 꿈 이야기를 나누지 싶었다.

그런데 신기했다. 새들의 소리가 시끄럽게 여겨지질 않았다. 끊임없이 떠들어대는 데도 오히려 정겹게 여겨졌고, 윤기 있는 소리에 듣는 마음까지 맑아지는 것 같았다.

무엇 때문일까? 단지 새소리이기 때문일까? 아닐 것이다. 새들이라고 무조건적인 아량을 보이지는 않을 것이다. 새벽 이른 시간 끊임없는 소리가 귀에 거슬리지 않는 데에는 분명 우리가 자각하지 못하는 이유가 있을 것이다.

새소리를 들으며 세수를 할 때 문득 드는 생각이 있었다. 잠언의 한 말씀이 떠올랐다. "이른 아침에 큰소리로 자기 이웃을 축복하면 도리어 저주 같이 여기게 되리라"(잠언 27:14)는 구절이었다.

그동안 교회는 축복을 한다는 이유로 새벽에 큰소리를 냈던 것은 아닐까, 큰소리를 듣고 눈살을 찌푸리는 이웃을 향하여 지금 축복을 하는데 그게 무슨 가당치 않은 반응이냐며 오히려 불쾌하게 여겨왔던 것은 아닐까 싶었다. 아무리 축복을 한다고 해도 이른 새벽의 큰소리는 듣는 이들에게 저주와 다를 것이 없는 데도 말이다.

전하는 것이 축복이라면 마땅히 전하는 방법 또한 축복이어야 한다.

28
눈물

웃음 아래 눈물을 헤아리는 일은
천 길 물을 긷는 일보다 어려워라

29

어느 날의 기도

더듬이 잘린 벌레와 다를 게 없습니다.
길과 방향을 잃어버린 오늘 우리는.

30

나무들 옷 입히기

갈수록 해가 짧아진다. 오후가 시작되며 잠깐 시간이 지났다 싶으면 어느새 땅거미가 깔리고는 한다. 문득 인생의 계절도 그렇지 않을까 싶다. 인생의 해가 지는 시간도 그렇게 해 짧아지듯 찾아올 것이었다.

새벽예배 준비와 심방 준비를 마쳤을 때는 이미 어둠이 다 내린 시간이었다. 막 자리에서 일어나며 보니 누군가 예배당 마당에서 일을 하는 모습이 보였다. 가로등 불빛을 의지해서 일을 하고 있었는데, 멀리서도 대뜸 누구인지를 알 것 같았다. 옆에 서 있는 트럭, 조경 일을 하며 교회의 조경위원회를 맡고 있는 권사님이었다. 하루의 일을 마치면 곧장 집으로 가는 대신 예배당에 들러 예배당 주변을 돌보는 일을 한다. 피곤한 중에도 맡겨진 일을 지극한 정성으로 감당하는 권사님을 보면 늘 고마움이 앞선다.

물 한 병을 들고 다가가니 권사님이 맞았다. 일을 하느라 권사님은 누군가 가까이 다가오는 것도 모르고 있었다. 보니 트럭에 실린 볏짚을 연신 손으로 훑어내며 추리고 있었다.

"무슨 일을 하세요?"

인사를 나누며 물었더니 권사님이 대답을 한다.

"내일이 '입동'이잖아요. 나무들 옷을 입히려고요."

권사님의 대답이 하도 자연스러워서 나는 놀랐다. 권사님은 지금 특별한 일을 하는 것이 아니라 너무도 당연한 일을 하는 것이었다. 겨울의 문턱으로 접어들고 있으니 여린 나무들 겨우내 얼어 죽지 말라고 옷을 입혀주는 것이었는데, 그 일이 권사님에겐 너무도 당연한 일이었던 것이다.

순간 부끄럽고 숙연했던 것은 여린 영혼들 앞에 내 그러고 있는가 하는 생각이 들었기 때문이었다. 세심한 보호와 관심이 필요한 이들에게 나는 내 손을 내밀고 있는 것인지, 입동을 앞두고 나무의 옷을 준비하는 권사님처럼 말이다.

12월

1
들판에 가 보았네

들판에 가 보았네
아이들의 웃음소리
아이들은 들판을 가로 질러
아지랑이처럼 달렸네

들판에 가 보았네
조용한 푸름
번지고 있었네
하늘이 땅에 무릎 꿇어
입 맞추고 있었네

들판에 가 보았네
언덕 위
한 그루 나무처럼 섰을 때
불어가는 바람

바람 혹은 나무
어느 샌지 나는
아무 것이어도 좋았네

2
첫눈

얼마나 좋을까.

세상에 태어나 처음으로 눈을 본 아이처럼 살 수 있다면.

3
어느 날 밤

늦은 밤, 자리를 펴고 누워 하늘을 본다. 별들의 잔치, 정말 별들은 '고함치며 뛰어내리는 싸락눈' 같이 하늘 가득했다. 맑고 밝게 빛나는 별들의 아우성. 별자리들은 저만이 가지고 있는 이야기를 들려주느라, 옆자리 별들은 그 이야기 귀담아 듣느라 모두들 눈빛이 총총했다. 그들 사이로 은하가 굽이쳐 흘렀다. 넓고 깊은 은빛 강물, 파르스름한 물결 일으키며 하늘을 가로질러 흘러온 은하는 뒷동산 떡갈나무 숲 사이로 사라졌다.

이따금씩 하늘을 긋는 별똥별들의 눈부신 질주, 당신의 기쁨을 위해선 난 스러져도 좋아요. 열 번이라도, 백 번이라도. 남은 이들의 기쁨을 바라 찬란한 몸으로 단숨에 불꽃이 되는, 망설임 없는 별똥별들의 순연한 아름다움!

자리에 누워 밤하늘 별을 보다 한없이 작아지는, 그러다 어느덧 나 또한 별 하나 되어 우주 속에 점 하나로 깊이 박히는 어느 날 밤.

4

못

가슴에 못鍼으로 남는 말도 있고
가슴에 못池으로 남는 말도 있고

5

꿈

꿈을 갖는 것은 좋은 일이다. 마음속 좋은 생각을 품고, 품은 생각을 지키며, 그것을 이루기 위해 노력하는 일은 아름다운 일이다. 다른 이의 눈치 살핌 없이 그저 묵묵히 자신의 꿈을 일궈 내는 일은 그 꿈이 무엇이건 아름다운 일이다.

꿈을 버리는 일은 어려운 일이다. 충분히 가능한 일임에도 스스로 버리는 꿈은 어려운 일이다. 오직 한 가지, 무엇과도 바꿀 수 없는 꿈을 이루기 위해 나머지 바람들을 사소한 것으로 돌리는 것, 어려운 만큼 고귀한 일이다.

버리고 품는 꿈, 꿈이 필요한 때이다.

6
아우성

어찌 꽃들의 아우성은
소란하지 않은 걸까.

7

세상을 아름답게 하는 것들

아침 기도회를 마치고 밖으로 나왔을 때, 희끗희끗 뭔가 허
공에 날리는 것이 있었다. 걸음을 멈추고 바라보니 눈이었
다. 막 눈발이 날리기 시작하는 것이었다. 눈이 오네, 올 겨
울 들어 처음으로 보는 눈이어서 감회가 새로웠는데 생각
하니 마침 절기로 '대설', 자연의 어김없는 걸음이 감탄스
러웠다.

잠시 서서 눈을 감상하고 있을 때 담장 저쪽 끝에서 참새
몇 마리가 날아오른다. 언제라도 참새들의 날갯짓과 재잘
거림은 경쾌하다. 참새들의 날갯짓과 희끗희끗 날리기 시
작하는 눈이 절묘하게 어울렸다.

맞다, 세상을 아름답게 하는 것은 이처럼 가벼운 것들이다.
대설과 눈, 눈발과 참새, 사소해 보이는 것들이 서로 어울려
세상은 넉넉하고 아름답다.

8
늙은 농부의 기도

나의 몸은 늙고 지쳤습니다.
텅 빈 나뭇가지 위에 매달려
몇 번 서리 맞은 호박덩이마냥
매운바람에 아무렇게나 나뒹구는 마른 낙엽마냥
어디하나 쓰일 데 없는 천덕꾸러기입니다.

휘휘, 무릎 꼬뱅이로 찬바람 빠져나가고
마음도 몸 따라 껍질만 남았습니다.

후둑후둑 베껴 내는 산다랭이 폐비닐처럼
툭툭 생각은 끊기고 이느니 마른 먼지뿐입니다.

이젠 겨울입니다.
바람은 차고 몸은 무겁습니다.

오늘도 늙고 지친 몸으로 예배당 찾는 건
무지랭이 상관없는 성경 찬송책 옆에 끼고
예배당을 찾는 건
그나마 빈자리 하나라도 채워

불쌍한 젊은 목사양반 허전함 덜려는
마음 궁리도 있거니와
주책없는 몸으로 예배당 찾아
그래도 남은 눈물 드리는 건
거칠고 마른 손 모아 머리를 숙이는 건

아무도 읍기 때문입니다.

이 맘 아는 이
아무도 읍기 때문입니다.

하나님 아부지,

여기엔 아무도 웁습니다.

9
말과 말씀

혼돈과 공허와 어둠을 빛으로 바꾼 한 말씀도 있지만,
빛을 혼돈과 공허와 어둠으로 바꾼 한 마디 말은 얼마나 많
을까.

10

땀과 땅

사람·살다·사랑이란 말은 같은 어원을 가지고 있다는 것을 언젠가 읽은 적이 있다. 좋은 말이었고, 옳은 말이라는 생각도 든다.

그런 의미에서 생각해 보면 땀과 땅도 같은 어원을 가진 말이 아닐까 싶다. 땅은 땀을 흘리는 자의 것이어야 하고, 땀을 흘리는 자만이 땅을 지킬 수가 있다. 땀을 사랑하는 자가 땅을 사랑할 수가 있고, 땅의 소중함을 아는 이가 땀을 흘릴 수 있다. 그런 뜻에서 볼 때 땅의 주인은 마땅히 땀을 흘리는 자여야 한다.

우리 사회가 얼마나 정의로운가를 판단하는 기준은 나름 많이 있겠지만, 그중의 하나는 땀과 땅이 갖는 관계의 정직함 여부이다. 이따금씩 자가용 타고 나타나 투기용으로 사두는, 사방 둘러선 산과 문전옥답의 주인이 되어가는 건 아무래도 옳지 못하다.

비지땀 흘려 농사짓는 이가 따로 있고, 가만히 앉아 땀의 결과를 반이나 차지하는 이가 따로 있다는 건 아무래도 바른 모습이 아니다.

땅의 주인은 땀 흘리는 자이다. 땀 흘릴 마음이 없는 이는 땅의 주인이 될 수 없다. 땀 흘리는 자가 땅의 주인이 될 때 비로소 이 땅엔 정의가 강물처럼 흐르게 되는 것이다.

11

눈 비비는 소

소가 눈 비비는 모습을 본 적이 있는가? 소가 눈을 비비다
니, 전혀 관심 가질 일이 아니다 싶으면서도 소도 눈이 가
려울 때가 있을 텐데 그땐 어떻게 하는 거지, 막상 그런 생
각을 하면 딱히 떠오르는 모습이 없다. 사람이야 눈이 가려
우면 쓱쓱 손으로 비비면 그만이겠지만 말이다.

소가 눈을 비비는 모습을 우연히 보았는데 정말 의외였다.
가만히 서서 뒷발 하나를 들더니(뒷발 두 개를 한꺼번에 들 수는
없겠지만) 아, 그 발을 앞으로 내밀어 발끝으로 눈을 비비는
것이 아니겠는가.

덩치가 큰 소가 한 발을 들고도 쓰러지지 않는 균형감각도
신기했지만, 억척스럽게 논과 밭을 갈던 그 투박하고 뭉뚝
한 발끝으로 눈을 비벼대다니, 뒷발로 눈을 비비고 있는 소
의 모습이 여간 신기한 것이 아니었다.

눈을 크게 뜨고 신기하게 쳐다보니까 눈을 비비던 소는 남
눈 비비는 걸 뭘 그리 신기하게 쳐다보냐는 듯 오히려 커다

란 눈으로 멀뚱멀뚱 나를 쳐다보는 것이었다.

뒷발로 눈을 비비는 소를 보고 돌아서는 마음에 드는 생각이 있었다. 우직함과 섬세함은 동전의 양면과 같은 것인 지도 모른다는 생각이었다.

섬세함과 우직함은 결코 다른 것이 아니라 섬세함은 우직함에 의해, 우직함은 섬세함에 의해 지켜지는 것인 지도 모르겠다 싶었다. 서로는 서로 다른 서로를 담을 수 있는 좋은 그릇이 되어 주는 것인 지도 모른다.

우직한 자가 갖는 섬세함, 혹은 섬세한 자가 갖는 우직함, 아니 우직한 자만이 가질 수 있는 섬세함과 섬세한 자만이 가질 수 있는 우직함. 우리 삶 곳곳엔 그런 모습이 담겨 있지 싶었다.

12

마늘이 매운 맛을 내는 건 우연이 아니다

배추도 뽑고, 가을 당근도 뽑고 나면 한 해 농사가 끝난다. 그때 마늘을 놓는다. 서리가 내리고 추위가 오지만 언제나 마늘은 늦가을, 모든 농사를 마치며 놓는다. 찬바람 속 심겨진 마늘은 그대로 겨울을 난다.

땅이 두껍게 얼어붙고 에일 듯 칼날 바람이 불어도, 때론 수북이 눈이 내려 쌓여도 마늘은 언 땅에서 겨울을 난다. 한 켜 겨를 덮은 채로, 맨살 가리듯 겨우 한 겹 짚을 두른 채로 긴긴 겨울을 난다. 마늘이 매운 맛을 내는 건 우연이 아니다.

한겨울 매서운 추위를 그냥 언 땅에 묻혀 맨몸으로 받으며 그렇게 받아들인 추위를 매운 맛으로 익혀 내는 것이다. 그 작은 한쪽 마늘이 온통 추위 속에서도 제 몸에 주어진 생명을 잃지 않고 살아남은 것, 그것이 매운맛으로 전해지는 것이다. 허허벌판 겨울을 나는 마늘을 보며 '매움'의 의미를 생각해 본다.

13

딴 데 떨어지지 않네

희끗희끗 날리는 눈발을 보다가 옛 선시 하나가 떠올랐다. '호설편편 불락별처好雪片片 不落別處', 이성복 시인은 그 말을 '고운 눈 송이송이 딴 데 떨어지지 않네'로 옮겼다. 시도, 번역도 참 좋다. 내리는 눈을, 세상을 이렇게도 보는구나 싶다.

송이송이 고운 눈이 내리면 세상 어디 따로 딴 데가 있을까, 고운 눈 닿는 곳마다 고운 곳이 될 터이니 말이다.

우리 눈길도 마음도 그렇게 가닿았으면 좋겠다. 고운 눈엔 곱지 않은 세상 따로 없을 터이니 말이다.

14
향기로 떨고

난분분 난분분
때늦은 눈발 날릴 때
꽃잎에 닿는 눈은
눈물로 닿고
눈을 맞는 꽃잎은
향기로 떨고

15
하루해

사랑할 시간이 많지 않다고
서둘러 기우는 하루해는

16
소확행

말에도 생명력이 있어 낯선 말이 어느새 익숙한 말로 자리를 잡는 경우가 있다. '소확행'이란 말이 그렇다.

소확행小確幸은 '작지만 확실한 행복'을 뜻하는 말이다. 무라카미 하루키의 수필집《랑겔한스섬의 오후》에 처음 등장한 말이라고 한다. 갓 구운 빵을 손으로 찢어 먹는 것, 서랍 안에 반듯하게 접어 돌돌 만 속옷이 잔뜩 쌓여 있는 것, 새로 산 정결한 면 냄새가 풍기는 하얀 셔츠를 머리에서부터 뒤집어쓸 때의 기분을 소확행이라고 했다.

문방구에 들러 잉크와 공책을 샀다. 만년필에 넣을 파란색 잉크와 설교문을 적기에 적절한 노트를 사 가지고 나올 때 문득 행복감을 느꼈다. 그러면서 드는 생각이 그랬다.

'이런 게 소확행이구나!'

17
말

서툰 말로 마음을 가리지 않기를
짧은 말에도 마음 오롯이 담기를

18

문살

세월이 지나면 곰삭는 것 중에는 문살도 있다. 인우재 기도
실 문살이 그랬다. 아랫말 무너진 돌담의 돌을 흙과 쌓아올
린 기도실에는 동쪽과 서쪽에 작은 창이 두 개 있다. 동네
어느 집인가를 헐며 나온 것을 기도실 창으로 삼았다. 햇살
이 비치면 고스란히 문살이 드러나는데, 예쁜 문양으로 서
로 대칭을 이루던 것이 노인네 이 빠지듯 곳곳이 빠지기 시
작했다.

문살은 헐거워지고 창호지는 삭아서 결국은 바닥으로 떨어
지는 것이었다. 떨어진 문살을 보면 장인의 솜씨를 느끼게
된다. 무슨 연장을 사용한 것인 지 작은 나무토막 양쪽 끝
을 날카롭게 벼려 자기보다 큰 문살들과 어울리도록 만들
었다. 큰 문살들이 휘는 곳에는 'V'자 형태로 움푹 파인 부
분이 있어 서로가 자기 자리에 꼭 들어맞도록 했다. 못이나
접착제 없이도 서로 빈틈이 없도록 만든 것이었다. 처음 만
들었을 때만 해도 문살 전체가 활을 쏘기 전의 활줄처럼 팽

팽 소리가 났겠다 싶다.

창호지를 바르기 전에 문살부터 바로잡기로 했다. 헐거워서 떨어진 문살보다 조금 길이를 늘려 나무를 깎아 끼워 보니, 제대로 모양을 잡았다. 그런데 생각하지 못한 문제가 생겼다. 하나가 제대로 자리를 잡으니 다른 곳에 있는 문살이 빠져버리는 것이었다. 한쪽이 팽팽해지니까 다른 쪽이 헐거워진 탓이었다.

곰곰 생각하다가 헐거워진 문살을 모두 떼어냈다. 허물어지듯이 문살은 쉽게 빠졌다. 세월이 지나 사람이 늙으면 서로 맞물려 있던 뼈들도 저렇게 허물어지는 걸까 싶을 정도였다. 그렇게 문살을 모두 떼어냈을 때 남은 문양이 있었는데, 뜻밖에도 십자 무늬였다. 십자 무늬는 다른 문살을 걸기 위한 기본구조로 아예 문틀에 고정시켜 놓은 것이었다.

십자 무늬의 단순한 문양은 기도실과 너무나 잘 어울렸다. 헐거워진 문살을 복원하는 대신 십자 무늬의 문살 위로 창호지를 바르니, 일부러 문살을 그렇게 만들기라도 한 것처럼 기도실과 너무나 잘 어울렸다.

요란함이든 화려함이든 내 삶이 버릴 것을 버려 그분의 뜻과 어울렸으면, 다른 문살 다 버리고 십자 무늬로 돌담 기도실과 어울리는 작은 창문처럼.

19

삶

어느 누구의 삶이 눈물겹지 않을까
눈물겨울 만큼 아름답지 않을까

20
사랑 아니면

아무도 모르지
가슴에 박힌 슬픔의 못
실개천으로 흐르는
깊고 아픈 출혈
누구도 모르지
아무도 모르지
가슴에 쌓인 아픔의 숯
연기로만 맴도는
맵고 아린 눈물
누구도 모르지
어떻게 꺼낼지
어떻게 달랠지
아무도 모르지
누구도 모르지
아무리 곁에 있어도, 사랑 아니면

21
프로와 성자

주어진 일을 빈틈없이 하는 이는 프로
의무 이상의 일을 하는 이는 성자

22
단순함

본질에 가까울수록 단순함에 가깝지
단순함에 가까울수록 말없음에 가깝고

23
모든 순간은 선물이다

하루 종일 일하며 흘린 땀 때문이었을까, 인우재에서 보내는 두 번째 밤, 자다가 말고 목이 말라 일어났다. 잠을 자다가 물을 마시는 일은 좀체 드문 일이었다. 물을 마시며 보니 창밖으로 달빛이 훤하다. 다시 방으로 들어오는 대신 툇마루에 앉았다. 마루에 걸린 시계를 보니 새벽 2시 30분, 한새벽이다.

보름이 지난 것인 지 보름을 향해 가는 것인 지 하늘엔 둥근 달이 무심하게 떠 있다. 분명 대지를 감싸는 이 빛은 달일 터, 그런데도 달은 딴청을 부리듯 은은할 뿐이다. 어찌 이 빛을 쏟아 놓으면서도 정작 자신은 눈부시지 않는 것일까, 세상에 이런 빛의 근원이 있구나 싶다. 그런 달을 연모하는 것인 지 별 하나가 달에 가깝다.

누가 먼저 불러 누가 대답을 하는 것인 지 소쩍새 울음소리가 이 산 저 산 이어지고, 봄에 비해서는 비교할 수 없을 만큼 성량이 작아진 개구리 울음소리가 잔잔하다. 오케스트라 심벌즈 울리듯, 짐승인지 새인지 구분하기 힘든 기괴한 소리도 간간이 이어진다.

어둠 속 달빛에 취하고 잔잔한 소리에 취해 있을 때 느닷없이 나타난 파란 빛의 춤, 반딧불이었다. 깜박깜박 불을 켰다 껐다를 반복하며 어둠 속을 난다. 여기서 빛이었는데 잠깐 사이 어둠이 되고, 어둠이다 싶은데 잠깐 사이 빛으로 나타나고, 그야말로 반딧불은 광속으로 날고 있었다. 혼자만의 춤이 아니었다. 어둠은 하나의 무대, 망초 무성한 앞마당에서 달빛에서 벗어나 먹물처럼 컴컴한 숲속에서 함께 춤추는 군무群舞였다. 은빛 물결로 쏟아지는 달빛을 따르는지, 해맑은 소쩍새 노래를 따르는지 한없이 자유로운 빛의 춤이 어둠을 수놓았다.

가만 일어나 마당에 섰다. 마침 다가오는 반딧불이 있어 손을 내민다. 아무런 두려움도 없이 망설임도 없이 손 안으로 드는 반딧불, 손을 축복하듯 서너 번 손을 밝히더니 다시 날아오른다. 구분하거나 판단하지 않고 마주한 것을 온전히 받아들이는 것은 아름답고 거룩한 일이다.

다시 돌아와 걸터앉는 마루, 나도 자연의 일부였다. 대단하거나 특별한 존재가 아니라 저 달빛을 함께 받는 어둠 속의 일부일 뿐이었다. 병풍처럼 둘러선 앞산이 의젓하게 앉아서 나를 마주한다. 말없는 것이 의젓함이라고 오랜 침묵 끝에 말한다. 뿌리에서 나온 웅숭깊은 소리다. 내가 소란함 속에서 살아가고 있음을 새벽 산이 일러준다. 그래, 어설픈 말을 내려놓자. 침묵으로 들자. 그것이 내가 걸어가야 할 마땅한 걸음이다.

왜 그랬을까, 가만히 펴 보는 손 안에 빛과 온기가 담겼다. 은은한 달빛과 잠시 머물다 간 반딧불이 전해준 선물이다. 맞다, 모든 순간은, 모든 존재는 선물이다.

24
드문드문

드문드문 아름다운 사람 있어
지구라는 별 빛이 나고

25

사랑과 무관심

한 사람이 약국을 찾아와 말했다.

"내 아들에게 먹일 비타민을 사고 싶은데요."

"비타민 A, B, C 중에서 어떤 것을 드릴까요?"

약사가 묻자 그가 대답했다.

"아무 거라도 상관없어요. 제 아이는 아직 어려 글을 읽을
줄 모르거든요."

사랑과 무관심은 그렇게 다르다.

비타민을 사는 것이 사랑이 아니라, 아들에게 꼭 필요한 것
이 무엇인 지를 아는 것이 사랑이다.

26
뒷모습

뒷모습만 봐도
무엇을 기다리는 지 알 수 있는 사람이 있지.

27

비극

"악한 자들의 잔인한 만행보다
선한 사람들의 침묵,
그것이 우리의 비극."

아무 일을 하지 않고도
얼마든지 큰 잘못을 할 수 있구나.

28
개똥벌레

벌레 몸에 등불을 다신 것은
어둠 속 길 잃지 말라시는 하나님의 유머

29

위로

남모르게 당신도 울었다니
제게는 위로가 됩니다

30

빈 수레가 요란하다

우리 속담 중에는 신앙과 관련이 있는 속담들이 있다. 곰곰 생각해 보면 신앙적인 의미가 충분히 담겨 있다고 여겨지는 것들이 있다. 예를 들면 '콩 심은 데 콩 나고, 팥 심은 데 팥 난다'는 속담이 그렇다. 콩 심어 놓고 팥 나기를 기도하는 것이 신앙이 아니다. 팥 심어 놓고 팥 안 날까 안달을 하는 것도 신앙이 아니다.

'벼는 익을수록 고개를 숙인다'는 속담도 마찬가지다. 피와 쭉정이는 제가 제일인 양 삐쭉 고개를 쳐들지만, 벼는 익을수록 고개를 숙인다. 인격과 신앙이 익는 만큼 겸손도 따라서 익는다. 잘 익은 과일이 그렇듯이 그의 삶을 통해서는 향기가 전해진다.

신앙과 연관이 있다 여겨지는 속담 중의 하나가, '빈 수레가 요란하다'이다. 빈 수레일수록 삐거덕거리며 요란한 소리를 낸다. 하지만 짐을 제대로 실은 수레는 묵묵히 길을 간다. 요란을 떨지만 그 어떤 선한 열매도 찾아볼 수 없는

신앙인이 있다. 그런가 하면 유익한 열매들을 말없이 맺는
이들이 있다.

우리가 어떤 짐을 싣고 어떻게 가는지는 세상이 안다. 굳이
우리가 요란한 소리를 따로 내지 않아도 말이다.

31
괜찮아

세상에 고마운 말
난 괜찮아

어딘가엔 또 불고 있으리니

오래 전, 관옥 이현주 목사님이 보내주신 연하장에는 '오늘 하루'라는 붓글씨가 쓰여 있었습니다. 그 글씨는 나를 침묵 속으로 데려가 잠시 시간을 멈추게 했습니다. '오늘'이라는 말과 '하루'라는 말이 무척 새롭게 그리고 퍽 무겁게 와 닿았습니다. 이후로 이런 하루, 저런 하루, 어떤 하루, 그때 하루, 내일 하루… 그 하루마다 '오늘'이고 그 오늘마다 '하루' 였습니다.

한희철 목사님은 이 책 제목을 '하루 한 생각'이라고 했습니다. 그리고 '걸음과 길'이란 글에 이렇게 썼습니다.

"그럭저럭 별일 없이 지내는 하루가 중요한 것이 아니다. 그런 하루가 모여 내가 어디로 가고 있는 지가 중요하다. 길은 걸음과 걸음이 모여 만들어지기 때문이다."

'나의 행동이 나의 유언이다.' 규암 김약연 선생께서 말씀

하신 유언입니다. 이 말씀을 만나면서 무덤가의 정직으로
살아야겠다고 마음을 다졌습니다. 한 목사님은 자신이 붙
인 이 책 제목처럼 오늘 길어 올린 '생각'을 스스로 걸어갈,
걸어야 할 '길(행동)'이라고 여깁니다. 문장마다 또한, 그 행
간에서 울리는 숨과 같은 고백이 마음에 새겨지는 까닭입
니다.

이 책에서 한 목사님은 한국, 중국, 미국, 유럽 등 동서고금
에서 오늘날 전해져 오는 철학자들과 시인, 예술가와 지식
인들의 이야기를 오래 음미하고 '제 것'을 만들어 '그 생각'
을 내놓았습니다. 마치 어미 새가 사냥도 서툴고 위도 약한
새끼들을 위해 잘 소화할 수 있도록 충분히 씹고 씹어 모
이를 주는 것과 같이 말이지요. 사람을 아끼는 사랑 없이는
힘든 작업입니다. 사람을 불쌍히 여기는 마음 없이는 나오
기 힘든 글이라고 생각합니다.

목회자이자 동화작가인 그는 '맘곱'(눈가에 찌끼를 말하는 눈곱
처럼 손톱 밑에 끼는 때를 손곱, 발톱 밑에 끼는 때를 발곱이라 한다. 그렇
다면 '맘곱'은 없을까,라고 말하는 언어 조크)이란 말을 지어내 사용
하고 싶을 만큼 언어에 대한 애정이 깊습니다. '우리말'을
아끼는 마음은 그가 지닌 품성에서 나오는 지도 모릅니다.
그것은 '마음에 낀 때'는 없을까? 라는 반성과 겸손한 마음

에서 우러나오는 까닭입니다.

우리말에 대한 남다른 관심으로 고고학자가 유적지를 캐내 듯 여기저기 묻혀 있는 숨겨진 단어들을 정성스레 찾아냅 니다. 곡괭이나 호미로 서둘러 파는 것이 아니라, 혹시 깨지 고 상할까 봐 여린 붓으로 쓸어가며 호기심 어린 마음으로 찾아냅니다. 그리하여 마음속 깊이 묻어 두었던 말들이나, 시골집에 놔둔 말이나, 창고에 처박아 두었던 말들, 다락에 숨겨뒀다 잊어버린 말들을 우리 앞에 꺼내놓습니다.

그 말들에서는 쿰쿰한 냄새가 아닌, 잠시 잊었던 익숙함처 럼 정답고 포근한 냄새가 납니다. 그렇게 찾아낸 보물 같은 단어들은 목회 현장으로 나서기도 하며, 진솔한 고백으로 터져 나오기도 하며, 때론 역사와 사회에 대한 외침으로 이 어집니다. 또한 그 말들이 지닌 언어의 힘으로 '말하고자' 하는 '말'의 적절하고도 품위 있는 표현이 됩니다. 그것은 한 목사님이 '하루하루'마다 모든 사물과 현상 앞에서, '만 들어진 언어' 이전의 '선험적 언어'를 묵상함과 같으며 언 어 자체보다 '사람'을 향한 연민이 있어서라고 생각합니다. 그는 주위에서 일어나는 소소하고 시시한 일상을 주워서 주머니에 넣은 채 좀처럼 버리지 않습니다. 그리고 기꺼이 공부하는 방으로 몰래 가지고 들어가 화분에 난을 키우듯

고요하게 이야기들을 키워냅니다. 그리하여 어느 날 누구도 모르는 사이 꽃이 열리고 향기가 피어오르면 슬며시 '이렇게 되었다'고 합니다. 이 책에서 만나는 문장들은 이렇듯 작고 낮은 것들을 향해 있는 그의 천성이 빚어낸 뜰에서 피어난 나무와 풀과 꽃들입니다. 이내, 이 뜰은 그 분을 닮은 '신의 정원'이 됩니다.

우리는 아는 만큼이 아니라 모르는 만큼 말한다는 생각이 듭니다. 글도 마찬가지일 것입니다. 모르는 만큼 씁니다. 말이나 글로 담아내지 못한 더 깊은 세계는 늘 침묵 속으로 침잠합니다.

얼마나 조심스럽고 고요한 마음으로 이 책을 내놓는 지 헤아릴 수 있는 글입니다. 사실 저는 한 목사님이 쓰신 글은 낯선 것이 없을 만큼 정답고 많이 익숙합니다. 그가 쓴 동화 '소리새'로 92년에 만나 지금까지 한결같이 마음을 주고받았으니 말입니다. 물론, 단강에서 목자로 살며 기록했던 '애기마을'은 읽을 때마다 눈물을 감추느라 힘이 들곤 합니다. 그래도 이번엔 태연하고 무심한 마음으로 읽을 수 있으리라 생각했습니다. 그러나 이번에도 그만 이 문장 앞에서 울컥하고 맙니다.

"길 잃은 양일수록 상처는 많아
끌지 말고 업고 와야 하는 것은"

'목자'라는 글입니다. 교회를 잃은 이 기막힌 시대를 향한
'목자로서' 다짐하는 그 심정이 뭉클하게 묻어납니다. 목회
자이니 홀로 삼킨 말도, 꺼낼 수 없는 말도 얼마나 많았을
까요. 그리하여 제법 오래 삭인 말들이 이렇게 책이 되었습
니다.

기억에서 사라진 언어들이 바람처럼 흩어져 뵈지 않으면
어떻겠습니까. 어딘가엔 또 불고 있을 테니까요. 그가 '오늘
쓰려다' 잊어버린 말이 있다 해도 그리 큰일은 아닙니다.
어딘가엔 그 뜻이 전해지고 있을 테니까요.

가수 홍순관